KERSTIN EMMING

Ein Wunder namens Marley

Über die Autorin:

Kerstin Emming, 1965 in Recklinghausen geboren, ist gelernte Friseurin. Ihre mittlerweile erwachsene Tochter Angelina kommt mehrfach schwerstbehindert zur Welt. Kerstin Emmings Ehe zerbricht an den Belastungen. Jahrelang kümmert sie sich allein aufopferungsvoll um das Mädchen, bis sie zwei Schlaganfälle und ein Autounfall in den Rollstuhl zwingen. Kerstin droht, sich aufzugeben, bis ihr ein kleiner Mischlingshund begegnet … Heute lebt Kerstin Emming in der Nähe von Münster.

Kerstin Emming
mit Andrea Micus

Ein Wunder namens Marley

Wie mein Hund mich wieder auf die Beine brachte

BASTEI
LÜBBE

BASTEI LÜBBE TASCHENBUCH
Band 61686

MIX
Papier aus verantwortungsvollen Quellen
FSC® C083411

Dieser Titel ist auch als E-Book erschienen

Originalausgabe

Textredaktion: Dr. Matthias Auer
Titelillustration: © Judy Davidson/Arcangel
Umschlaggestaltung: Kirstin Osenau
Satz: hanseatenSatz-bremen, Bremen
Gesetzt aus der Adobe Garamond Pro
Druck und Verarbeitung: CPI books GmbH, Leck – Germany
ISBN 978-3-404-61686-2

2 4 5 3 1

Sie finden uns im Internet unter
www.luebbe.de
Bitte beachten Sie auch: www.lesejury.de

Für Marley

Vorwort

»Sie sind austherapiert«, sagt mir der Arzt. Es ist der sechste in der vierten Klinik, und damit ist es endgültig: Man kann mir nicht mehr helfen!

Ich bin zweiundvierzig Jahre alt, seit drei Jahren auf den Rollstuhl angewiesen und weiß jetzt, dass es auch immer so bleiben wird. Ich werde nie mehr laufen, tanzen, joggen können. Meine ganzen Hoffnungen auf Normalität und ein endlich wieder schmerzfreies Leben zerplatzen mit diesem einen Satz. Es ist vorbei!

Als ich aus dem Sprechzimmer rolle, habe ich nicht mal mehr Tränen.

Hinter mir liegt so viel schicksalhaftes Leben, dass ich gelernt habe, damit zumindest äußerlich diszipliniert umzugehen. Vielleicht liegt es aber auch an dem gewaltigen Medikamentencocktail im Blut, der mich längst stumpf und teilnahmslos macht.

Ganz ohne Hoffnung erwarte ich nichts mehr vom Leben. Vor mir liegt ein Alltagstrauerspiel zwischen Klinik und Einsamkeit, Verzicht und Qual.

Zumindest denke ich das damals.

Doch das Schicksal lässt sich nicht festzurren. Es hält immer Überraschungen parat.

»Im Leben begegnen einem Wunder«, sagt mir wenig später mein Therapeut.

Anfangs ist das für mich nur eine Floskel. Doch dann tapst das Wunder direkt vor meine Füße.

Es hat Fell, vier Beine und dunkelbraune Kulleraugen, und es zeigt mir, dass im Leben auch das scheinbar Unmögliche möglich ist …

Kapitel 1

»In wenigen Minuten haben wir die endgültige Flughöhe erreicht. Wir servieren Ihnen dann warme und kalte Getränke und ein wohlschmeckendes Menü!«

Ich lehne mich entspannt in meinem Sitz zurück und schließe zufrieden die Augen. In zwei Stunden werden wir in der Türkei landen, und ich habe endlich Urlaub. Ich kann gar nicht aussprechen, wie sehr ich mich nach diesen Tagen des Nichtstuns sehne. Am Pool die Zeit vertrödeln, jeden Tag an einem elegant gedeckten Tisch sitzen, lecker zubereitete Köstlichkeiten genießen und einfach mal ohne Verpflichtungen leben. Ich habe das so bitter nötig!

Leise nimmt die Maschine Kurs Richtung Auszeit. Ich sehe aus dem Fenster und blinzle genüsslich in die Sonnenstrahlen. Unter mir liegt ein dichter Wolkenteppich. Ich werde in jeder Hinsicht die trüben Tage in Deutschland zurücklassen.

Mit der rechten Hand streichle ich meiner achtjährigen Tochter Angelina über die Wange.

Sie sitzt neben mir am Fensterplatz und fixiert die ganze Zeit über schon starr die Tragfläche des Flugzeuges. Auch meine Berührungen holen sie nicht aus ihren Gedanken. Was wohl in ihrem Kopf vor sich geht? Ich habe ihr erzählt, dass wir in die Ferien fliegen und bald am Meer sein werden. Aber richtig verstanden hat sie das nicht.

In der Reihe vor mir sitzt Rainer, mein Lebensgefährte, neben ihm Julian, mein vierzehnjähriger Sohn. Die beiden lösen gerade gemeinsam ein Kreuzworträtsel und sind in jede Menge Fragen vertieft. »Wie nennt man eine Frau, die bei einem Mann zu Gast ist?« Lösung mit elf Buchstaben. Damenbesuch. »Wie nennt man eine von der Kirche verehrte Frau?« Lösung mit sieben Buchstaben. Eine Heilige.

Ich höre den beiden gern zu. Sie verstehen sich blendend. Es ist also alles gut. Endlich. Ich kann mich in diese Stimmung fallen lassen und einfach wegnicken und träumen; von plätscherwarmem Meerwasser, raschelnden Palmwedeln und einer Sommerluft, die sanft meine Haut streichelt.

Rainer tätschelt durch zwei Rückenlehnen hindurch meinen Arm und holt mich aus meinen wunderschönen Gedanken.

»Hey, Schatz«, meint er lächelnd. Er hat sich im Sitz aufgerichtet und blinzelt mir über die Rücklehne hinweg zu. »Hier wird aber nicht eingeschlafen. Sonst verpasst du ja das leckere Essen!«

»Nein, nein«, ich schüttle den Kopf. »Das lasse ich mir nicht entgehen.«

Übermütig stupse ich ihm mit dem Zeigefinger an die Nase.

»Aber weißt du was, Liebling? Heute Abend sitzen wir schon auf der Hotelterrasse und lassen es uns richtig gut gehen. Ich sehe schon alles ganz genau vor mir. Das Meer rauscht, und wir genießen ein tolles Menü. Ich nehme Fisch und Salat, dazu einen trockenen Weißwein, als Dessert frische Früchte. Weißt du, ich liebe diese entspannten Abendessen. Darauf freue ich mich schon seit Wochen!«

»Und ich erst. Es ist unsere erste gemeinsame Reise«, meint Rainer leise, und seine Stimme klingt richtig liebevoll. »Ich bin so froh, dass wir das alles erleben, und gleich als richtige Familie.«

»Was möchten Sie trinken?« Die Stewardess steht neben mir, lächelt mich auffordernd an.

»Ich nehme zwei Wasser, für mich und meine Tochter!«

»Bitte, verzeihen Sie, ich verstehe Sie nicht! Was möchten Sie?«

»Wasser bitte!«, wiederhole ich und bin ganz irritiert, dass sie nachfragt.

»Du lallst ja«, meint Rainer, reckt seinen Kopf noch höher als bisher und sieht mich fragend an.

»Ich lalle?«, wiederhole ich genervt und sage jetzt schon zum dritten Mal, dass ich ein Wasser möchte.

»Bitte ein stilles, ja, ohne Kohlensäure. Und dazu gern ein paar Nüsse.«

»Kerstin!« Rainer steht plötzlich von seinem Sitz auf und macht einen großen Schritt über Julian hinweg auf den Gang.

»Kerstin!« Er ruft laut meinen Namen.

Warum schreit er denn bloß? Was ist los? Verdammt, jetzt schmerzt auch mein linker Arm auf einmal. Da ist so ein Ziehen. Was ist das denn? Das hatte ich noch nie. Mir wird schwiemelig im Kopf, und alles dreht sich. Das Wasser! Ich greife danach. Aber meine Güte, es fällt mir aus der Hand. Mir ist übel. Aus.

*

»Bleib ganz ruhig liegen. Wir sind bald wieder in Deutschland. Der Krankenwagen ist schon bestellt und wartet am Flughafen auf uns.«

Rainer küsst mich sanft auf die Stirn, streichelt mir liebevoll über den Arm.

»Es ist alles gut, meine Liebe. Mach dir bitte keine Sorgen!«

»Wo bin ich? Wieso … Deutschland?«, murmle ich leise und sehe mich irritiert um.

Ich liege mit angewinkelten Beinen auf drei Plätzen in der letzten Sitzreihe. Rainer hockt neben mir im Gang.

»Was ist passiert? … Wann sind wir da?«, frage ich jetzt.

»Wir landen gleich, aber wir dürfen nicht aussteigen!«

»Wie? Wir dürfen nicht aussteigen? Wir fliegen direkt zurück nach Deutschland? Wieso? Wir wollen doch in die Türkei!« Ich habe große Mühe zu sprechen und nuschle furchtbar.

»Ein zufällig anwesender Arzt hat dir etwas gespritzt. Er meint, es sei nötig, dass du zurück nach Deutschland fliegst.«

»Aber was ist denn … mit mir?«

»Der Arzt tippt auf einen Schlaganfall und meint, du würdest eine intensive Betreuung brauchen. Aber es wird alles gut. Ganz sicher!«

»Die Kinder? Wo sind sie?« Ich versuche, den Kopf nach oben zu recken, um die beiden sehen zu können. »Wie geht es Angelina?«

»Es ist alles gut, Liebling. Komm, leg dich wieder hin. Hier, ich schiebe dir das Kissen unter den Kopf. Das ist bequemer.«

Ich lasse meinen Kopf zurück auf das Kissen sinken, versuche, tief durchzuatmen. Es ist alles so seltsam unwirklich. Ich komme mir vor wie eine Zuschauerin, die einen Film sieht und die Handlung nicht versteht. Mein Körper, mein Kopf, nichts geht mehr richtig, und der Arm schmerzt mittlerweile fürchterlich.

»Einen Schlaganfall? Wieso habe ich einen Schlaganfall? Rainer? Das kann doch … nicht sein. Vielleicht täuscht sich der Arzt …«

Rainer lächelt.

»Ja klar, das kann auch so sein. Wir warten jetzt erst einmal ab, was die Ärzte in der Klinik sagen. Schlaf ein bisschen. Du brauchst Ruhe.«

»Nimmst du … die Kinder mit nach Hause? Wenn ich … in der Klinik bleiben muss?«

»Ja klar, ich habe doch Urlaub. Mach dir nicht so viele Gedanken. Glaube mir, wir bekommen das alles hin. Du denkst jetzt erst einmal nur an dich, und ich kümmere mich um den Rest.«

Ich lächle. Ich bin so froh, dass er da ist. Aber die Enttäuschung bohrt tief in mein Herz. Ich soll einen Schlaganfall gehabt haben. Das glaube ich nicht.

Ich bin neununddreißig Jahre alt und kerngesund. Das wird sich alles als riesengroßer Irrtum entpuppen. Da bin ich mir sicher. Der Arzt an Bord wird sich getäuscht haben. Na bravo, mit dieser Fehldiagnose hat er mir, ach was, uns allen die wunderbare Reise verdorben.

Vor meinen Augen tauchen wieder die herrlichen Strandbilder auf. Ich habe mich so sehr auf meinen Urlaub gefreut, und jetzt ist alles vorbei. Wer weiß, wann ich jemals wieder in den Süden fliegen kann.

Hoffentlich springt wenigstens die Reiserücktrittsversicherung ein, damit nicht auch noch das ganze Geld futsch ist.

»In wenigen Minuten beginnen wir mit dem Landeanflug auf Antalya …« Na super, für mich ist es nur ein Zwischenstopp.

Ich bin so tief enttäuscht und spüre, dass mir Tränen über die Wangen kullern. Klinik statt Strand. Das ist richtig bitter. Aber ich fühle mich so schwach …

*

»Frau Emming, der Verdacht hat sich bestätigt: Sie haben einen linksseitigen Schlaganfall gehabt. Wie es sich darstellt, verdanken Sie dem Mediziner an Bord wohl Ihr Leben. Er hat Sie in der Situation bestens versorgt.«

Ich liege im Klinikbett und höre die Sätze wie durch einen Wattebausch. Da bin ich nun gelandet. Kerstin Emming, klein, superschlank, mit kurzen blonden Haaren, aber durchtrainiert mit jeder Muskelfaser.

Ich trage gern Jeans und Sweatshirt, aber auch Pumps und Minirock. Ich schminke mich immer und liebe lackierte Fingernägel. Ich fühle mich zwar oft überanstrengt, ausgepowert und müde, aber trotzdem noch fröhlich und lebendig.

Schlaganfall! Leben gerettet. Glück gehabt. Die Worte schwirren in meinem Kopf herum. Ich bin doch noch zu jung dafür. Geht es jetzt schon um Leben und Tod?

»Sie werden eine Zeit lang bei uns bleiben. Im Anschluss besorgen wir Ihnen einen Platz für entsprechende Rehamaßnahmen.«

Jetzt bin ich plötzlich hellwach.

»Rehamaßnahmen? Nein, das geht nicht«, entfährt es mir sofort. »Ich habe … zwei Kinder, die versorgt werden müssen. Eines davon ist … krank. Ich muss so schnell wie möglich nach Hause.«

Jeder meiner Sätze kommt undeutlich und stammelnd heraus.

Der Mediziner, ein älterer, grauhaariger Mann mit einer dunklen, kreisrunden Hornbrille und einem bei jedem Satz lustig wippenden Schnurrbart, sieht mich skeptisch an.

»Ich glaube, Sie müssen erst einmal gesund werden. Und das braucht seine Zeit. Also, entspannen Sie sich. Alles andere machen wir.«

»Herr Doktor, Sie verstehen nicht!«, versuche ich es weiter und gebe mir wirklich große Mühe, verständliche Sätze zu formulieren.

»Das geht nicht mit der Reha … und ich kann auch nicht hierbleiben. Ich habe eine kranke Tochter, die mich … wirklich braucht.«

Der Arzt legt mir beruhigend die Hand auf den Arm. Aber ich nehme das kaum wahr.

»Was glauben Sie denn, wann ich entlassen werde?«, hasple ich weiter.

»Frau Emming, ruhen Sie sich aus, bitte. Glauben Sie mir, es ist das Beste, was Sie jetzt für Ihre Tochter tun können.«

Ausruhen! Ich weiß nicht, wann ich das das letzte Mal konnte. Die Menschen sagen das immer so leicht dahin. Aber es gibt Lebenszuschnitte, in denen für dieses Wort gar kein Platz ist.

»Sie sind bei uns in den allerbesten Händen«, höre ich den Mediziner weitersprechen. »Denken Sie jetzt einfach mal an sich. Lassen Sie sich verwöhnen.«

Er zwinkert mir aufmunternd zu, lächelt.

Ich soll an mich denken? Wie denn? Ich habe Verantwortung. Es geht schon lange nicht mehr um mich. Vielleicht war das ein Fehler, und ich hätte früher auf Signale hören müssen. Aber jetzt ist es zu spät. Jetzt liege ich im Klinikbett und kann mich kaum mehr rühren.

Als der Arzt das Zimmer verlässt, versuche ich, irgendwie zur Ruhe zu kommen. Ich greife vorsichtig mit der rechten Hand nach einer Tasse Kamillentee, nippe behutsam daran, und in meinem Kopf läuft mein Leben wie im Zeitraffer ab.

Eigentlich fing es richtig schön an. Ich bin auf einem Bauernhof im Ruhrgebiet aufgewachsen, zusammen mit meiner ein Jahr jüngeren Schwester Silvia. Wir besaßen jede Menge Tiere. Aber mein absoluter Liebling war Schäferhündin Dora, mit der ich stundenlang herumtollen konnte. Ich habe sie von ganzem Herzen geliebt, sie gefüttert und gekämmt und sie so oft wie möglich um mich gehabt.

Damals habe ich jedem gesagt: »Ich werde Tierärztin, dann habe ich ganz viele Tiere, um die ich mich kümmern kann!« Mein Papa hat dann oft geschmunzelt, »das kannst du auch jetzt schon machen« gesagt und mir gleich die Harke in die Hand gedrückt, damit ich die Ställe ausmiste. Vielleicht wollte er mir damit die Flausen vertreiben. Aber das hat nicht geklappt, denn auch das habe ich eigentlich gern gemacht.

Ich war einfach glücklich, wenn ich bei meinen Tieren sein konnte. Sie waren mein Leben.

Doch es wurde trotzdem nichts mit meinem Traumberuf. Nach der Mittleren Reife meinten meine Eltern, ich solle etwas Praktisches lernen. Also wurde ich Friseurin, hatte auch Spaß an meinem Beruf und arbeitete mich schließlich bis zur Leiterin in einem Salon in Gelsenkirchen hoch.

»Niemand schneidet die Haare so klasse wie Sie«, sagte eines Tages ein junger Bergmann zu mir. Ich war total stolz, und als er mich mit frisch geschnittenen Haaren zum Pizzaessen einlud, habe ich auch sofort »Ja« gesagt. Nach diesem Kompliment fühlte ich mich nahezu verpflichtet, sein Angebot anzunehmen.

Es blieb dann nicht bei der Pizza. Ich habe mich in Andreas sofort verliebt. Sechs Monate später stand ich schon mit ihm im Standesamt.

»Das geht nicht gut«, raunzte mir meine Mutter noch drei

Minuten vor der feierlichen Zeremonie leise ins Ohr. Sie war unsere Trauzeugin und fand ihn »nicht passend«. Doch ich wollte davon nichts wissen. Wie alle Töchter mochte ich nicht auf meine Mutter hören.

Ich war einundzwanzig Jahre alt, fand mich ungeheuer erwachsen und wollte partout selbstständig sein – und was meine Mutter meinte, ja, das war mir schlichtweg »egal«, nein, mehr noch, es durfte auf keinen Fall stimmen.

Vier Jahre später kam unser Sohn Julian auf die Welt. Damals hatte ich schon eine Ahnung, dass meine Mutter mit ihrer Einschätzung nicht wirklich danebenlag. Denn Andreas trank gern. Wie viel genau, bekam ich nicht mit. Ich glaube, er trank heimlich. Auf jeden Fall war es genug, damit unsere Ehe ins Aus trudelte. Denn mit jedem Schnaps, den er intus hatte, wurde er aggressiver.

Zwei Jahre nach Julians Geburt hatte ich keine Lust mehr auf einen betrunkenen und unkontrollierten Mann. Ich zog die Notbremse! Nach einer handfesten Auseinandersetzung suchte ich mit Julian das Weite.

Jetzt war ich eine alleinerziehende Mama und zwar erleichtert, dass ich den Stress mit Andreas los war, aber auch überrascht, dass mein neues Leben zwischen Kind und Job so anstrengend wurde …

Ich hatte damals keine Ahnung, dass es noch viel anstrengender weitergehen würde.

»Hallo, Frau Emming, ich muss Sie kurz wecken. Aber es ist Zeit für Ihre Tabletten.«

Schwester Inge steht vor meinem Bett und holt mich lächelnd ganz sanft zurück in die Gegenwart.

»Sie haben mich nicht geweckt«, entgegne ich ihr. »Ich lasse nur … meine Gedanken schweifen. Wenn man viel Zeit hat, schwirren einem viele Dinge … kunterbunt durch den Kopf. Hier komme ich mal dazu, sie zu ordnen.«

Schwester Inge lacht.

»Das stimmt. Das erzählen mir viele Patienten.«

Während sie mein Tablettenschächtelchen auf dem Nachtschrank mit neuen bunten Pillen auffüllt, plaudert sie offen weiter.

»Das würde mir auch mal ganz guttun, einfach mal über alles nachzudenken und Dinge neu zu ordnen. Aber in meinem Alltag bleibt dazu keine Zeit. Doch Sie dürfen das jetzt. Sie haben zwar keinen schönen Anlass, machen aber wenigstens das Beste daraus.«

Sie streichelt mir aufmunternd über den Arm.

»So, ich bin weg, Sie können weiter träumen und sortieren. Viel Erfolg!«

»Ach, wissen Sie, es sind nicht nur gute Gedanken, die einen einholen. Meistens sind es die … beklemmenden.«

»Das stimmt«, sagt Schwester Inge im Hinausgehen und dreht sich an der Tür noch einmal zu mir um. »Aber wissen Sie, die Krisen sind ja bewältigt. Sie haben es doch bis hierher geschafft.«

»Hoffentlich war es das jetzt«, seufze ich. »Denn so richtig erfolgreich ist mein Leben bislang nicht gelaufen. Immerhin habe ich mit knapp vierzig Jahren … einen Schlaganfall bekommen.«

Schwester Inge lächelt milde und macht wieder zwei Schritte zurück in mein Zimmer.

»Ja, oft geht dem aber etwas voraus. Mögen Sie darüber sprechen?«

Ich schüttle den Kopf. »Schon gut, Sie haben viel zu tun. Ich tauche mal wieder ab. Mal sehen, ob ich noch Antworten finde.«

Sie zwinkert mir aufmunternd zu und winkt mir, in der Tür stehend, noch einmal zu. Sie ist eine tolle Schwester!

Und ich surfe gedanklich weiter durch mein Leben, mache dort weiter, wo meine Ehe aufgehört hat. Ja, knapp sechs Jahre nach meiner Hochzeit war bereits alles erledigt. Ich lebte mit Julian in einer kleinen Wohnung in Gladbeck, hielt mich mit einem Halbtagsjob über Wasser und war insgesamt ziemlich enttäuscht vom Leben.

Ich dachte damals oft an den Satz meiner Mutter: »Das geht nicht gut.« Ich hätte auf sie hören sollen!

Doch das Zurückblicken half damals auch nichts mehr. Ich musste mich in meinem neuen Leben einrichten, und dabei unterstützte mich ausgerechnet meine Mutter, die mir zum Glück meinen ehelichen Fehltritt niemals vorhielt.

Allerdings wollte sie, dass ich nach einer recht quälenden Trennungszeit wieder mehr unter die Leute gehe. »Komm heute mal mit zum Kegeln«, hat sie mich gedrängt. Und welche Überraschung: An diesem Abend war auch der Sohn ihrer Freunde dabei. Er hieß Bernd, arbeitete erfolgreich als Industriemeister in einem großen Chemiekonzern und war, richtig, auf Partnersuche! Meine Mutter hatte ihn ganz offenbar für mich im Auge und mit seinen Eltern ein Komplott geschmiedet. Aber davon hatte ich keinen blassen Schimmer. Ich wollte eigentlich nur kegeln und tappte voll in Mamas sehr gut vorbereitete Falle.

Doch es fügte sich, denn Bernd gefiel mir ausnehmend gut. Er war fünf Jahre älter als ich und machte genau das, was ich mir bei Andreas immer gewünscht hatte. Er trank nicht, blieb abends immer zu Hause und arbeitete ansonsten fleißig in seinem Betrieb. Dazu war er liebevoll, geduldig, besonnen und sehr verantwortungsbewusst und trug mich auf Händen.

Ein Traummann für jede Schwiegermutter und jetzt auch für mich.

Bernd und ich wurden schnell ein Paar, und als ich wieder rasch heiraten wollte, hatten meine Eltern dieses Mal keinerlei Bedenken. »Der passt klasse zu dir. Das ist jetzt für immer«, jubelte meine Mutter. Und mein Vater meinte: »Jetzt fährst du in den sicheren Hafen.«

Was dann kam, entspricht dem Bilderbuch. Wir heirateten im Mai und kauften sofort einen Bungalow. Damit wir das alles finanziell stemmen konnten, nahmen wir Bernds Eltern mit ins Boot. Wir beide zogen ins Erdgeschoss, die Eltern ins Souterrain.

»Dann haben wir auch jemanden für Julian, und du kannst weiter arbeiten«, sagte Bernd zufrieden und strahlte mich an. Es passte alles, und darüber hinaus setzte ich prompt die Pille ab und freute mich auf das Familienleben. Idylle pur!

Aber dieses Bilderbuchleben führten wir nicht lange. Denn es gab die berühmten Wermutstropfen. Zum einen klappte es nicht mit der ersehnten Schwangerschaft. Ich hatte eine Fehlgeburt im dritten Monat. Eines Morgens bekam ich Blutungen und schlimme Krämpfe. Später erklärte mir der Frauenarzt, dass ich mein Baby verloren hätte. Ich litt unendlich darunter und wurde danach nicht wieder schwanger, was uns beiden zusetzte.

Dazu kamen Probleme mit meiner Schwiegermutter, die zwar vom ersten Tag an liebevoll mit mir und Julian umging, sich aber in alles einmischte und mir ständig zu verstehen gab, dass ich ihren Sohn nicht so behandelte, wie es ihm guttäte.

Berni, so nannte sie ihn, konnte eigentlich nichts allein und brauchte für alles Mamas Hilfe. Und da es jetzt mich gab, hatte ich in ihre Fußstapfen zu treten. Ich sollte »Berni« morgens in der Frühe seine Kleidung herauslegen, ihm zu bestimmten Tageszeiten bestimmte Dinge servieren und durfte ihn auf keinen Fall mit irgendwelchen Aufgaben im Haushalt belästigen. Nicht mal mit der Gartenarbeit durfte er behelligt werden. »Berni muss ja so viel arbeiten«, war ihr Lieblingssatz, mit dem sie mich zu jeder Tageszeit aufforderte, alles allein zu machen und ihn auf keinen Fall für irgendetwas einzuspannen.

Ich betreute also Julian, machte den Haushalt, den Garten, kochte, kaufte ein und war, natürlich, immer bestens gelaunt. Denn auch das brauchte Berni.

»Er mag fröhliche Menschen«, sagte meine Schwiegermutter immer, und ich bemühte mich, auch das richtig zu machen und immer zu lächeln, damit Berni sich wohlfühlte.

Als ich nach einem Jahr endlich hörte: »Gratuliere, Sie sind schwanger«, hoffte ich, dass wir damit ein anderes Thema hätten und sich nicht mehr alles nur um Bernis Wohlbefinden drehte.

Das war auch so. Die ganze Familie freute sich riesig, und Bernd war noch zauberhafter zu mir. Er war super lieb, ließ mich nur noch widerwillig zur Arbeit gehen, damit mir ja nichts passierte, und freute sich auf nichts in dieser Welt mehr als auf unser Baby.

Doch die Schwangerschaft verlief nicht komplikationslos. Ich bekam plötzlich, ähnlich wie beim ersten Mal, erneut starke Schmerzen. Zum Glück dieses Mal aber erst in der 21. Schwangerschaftswoche. Ich reagierte total aufgelöst, und man schickte mich vorsichtshalber sofort ins Krankenhaus und verordnete mir Bettruhe. Ich hatte furchtbare Angst, noch einmal ein Kind zu verlieren, und war froh, unter medizinischer Aufsicht zu stehen.

Bernd kam jeden Tag nach der Arbeit zu mir und versuchte, mir die Zeit zu vertreiben.

»Dieses Mal geht nichts schief. Das spüre ich«, sagte er mir immer wieder und machte mir damit Mut. »Wir werden ein wunderschönes Kind bekommen. Halte nur noch etwas durch.«

Ich hielt durch, bis ich eines Morgens einen ziehenden Schmerz verspürte und danach mein Bett komplett nass war. Ich wusste, was das bedeutete: Die Fruchtblase war geplatzt, vier Wochen vor dem errechneten Geburtstermin.

Panisch drückte ich den Alarmknopf. Innerhalb weniger Momente standen zwei Schwestern im Zimmer. Danach ging alles ganz schnell. Eine Ärztin kam angerannt. Man schob mich in den Kreißsaal. Ich weinte und hatte furchtbare Angst, wieder eine Katastrophe zu erleben und mein Baby zu verlieren. Ich kam sofort an den Wehentropf, und wenig später kam auch Bernd angehetzt: Man hatte ihn aus der Firma geholt.

Die kommenden Stunden waren ein Desaster. Denn ich bekam partout keine Wehen.

»Sie müssen sich bewegen«, meinte die Ärztin und ließ mich an Bernds Arm die Kliniktreppen rauf- und runterlaufen. Aber trotz der Anstrengung passierte nichts.

Als ich danach an den Wehenschreiber angeschlossen wurde, bemerkte ich genau, dass Unruhe aufkam.

Im Kreißsaal überschlugen sich die Ereignisse. Ich bekam mit, dass alle heillos überfordert wirkten. Es war ein Sonntag, das medizinische Team reduziert, und mit mir mussten drei weitere Frauen entbinden.

»Das Baby hat schwache Herztöne«, informierte mich die Ärztin schließlich knapp.

»Machen Sie doch einen Kaiserschnitt«, flehte ich sie fast

schon an. Doch sie schüttelte den Kopf. »Wir versuchen es erst auf dem natürlichen Weg!« Ein Satz, und schon war sie wieder weg. »Aber …«, wollte ich gerade noch herauspressen, als Bernd meine Hand drückte und leise »pssst« zischte. »Lass mal, die Ärzte wissen schon, was zu tun ist.«

Ich war mir da schon längst nicht mehr sicher, wollte aber auch kein Theater machen. Vermutlich brauchte sie eine der anderen Frauen einfach dringender. Doch ich fühlte mich alleingelassen mit meiner riesengroßen Angst, und in meinem Kopf spann ich mir voller Misstrauen alles Mögliche zusammen.

Aber Bernd beruhigte mich. »Es sind genug Fachleute hier«, meinte er. »Du bist in besten Händen. Du musst auch Vertrauen haben.«

Vertrauen, genau das wollte ich so gern, aber das ganze Durcheinander machte es mir nicht leicht.

Der Schmerz, der mich wenig später fast zu zerreißen drohte, schnürte mir die Luft ab. Einen Moment lang dachte ich, ich würde sterben.

Ich hatte bereits ein Kind. Auch Julian war auf natürliche Weise auf die Welt gekommen, und auch bei ihm hatte ich Schmerzen gehabt. Aber das hier war etwas anderes. Es war einfach nur brutal.

»Was ist bloß los mit meinem Baby«, jammerte ich kläglich, weil ich nicht mehr wusste, wie ich die Quälerei aushalten sollte.

Bernd hielt mich fest und hatte die ganze Zeit Tränen in den Augen. Er fühlte so sehr mit mir.

Als der Schmerz endlich nachließ, hatte ich aber auch Hoffnung, dass sich mein Kind jetzt endlich auf den Weg machte.

Ich freute mich zu früh. Bis mein Baby auf die Welt kam,

verging noch viel Zeit. Zeit voller Schmerzen, ausgefüllt mit meinen Schreien und meiner Stöhnerei und mit Bernds zärtlichen und beruhigenden Sätzen. Er streichelte mich unentwegt, schob mir das Haar aus der schweißnassen Stirn und sagte mir immer wieder, wie sehr er mich und das Baby liebe.

Die ganze Zeit wuselte das Klinikpersonal hektisch um mich herum. Aber ich war viel zu erschöpft, um irgendetwas zu beobachten oder gar einschätzen zu können. Ich wollte nur, dass dieses ganze Drama ein Ende hatte.

Doch erst nach einem brutalen Schmerzkrampf, der alles bisher Dagewesene noch einmal toppte, war es so weit: Unser Baby kam auf die Welt.

Augenblicke später legte man mir endlich mein Kind in den Arm. Sechsunddreißig Stunden nachdem ich von meinem Bett aus den Alarmknopf gedrückt hatte.

Ich war maßlos erschöpft und wollte am liebsten nur noch wegnicken. Aber ich hielt mein kleines Mädchen im Arm, wollte das winzige Wesen an mich drücken, streicheln und küssen. Sie war ganz klein und süß, mit zartem, weißen Flaum.

Aber was war mit dem Gesicht? Trotz meiner tiefen Erschöpfung war ich plötzlich wieder alarmiert. Der Kopf sah merkwürdig blau aus.

Der Arzt, der gerade nach mir sah, schien meine Gedanken zu lesen.

»Das kommt bei so einer langen Geburt schon mal vor«, beruhigte er mich und nahm mir mein kleines Mädchen gleich wieder ab. Sie war so zart, dass sie dringend noch einige Zeit in den Brutkasten musste. Die blaue Gesichtsfarbe, die vergaß ich sofort wieder. Sie hatte ja anscheinend keine Bedeutung.

Lächelnd sah ich dem Arzt nach, der mit meinem Kind im Arm verschwand. Ich war wieder sorglos.

»Ich bin dir so dankbar. Du hast das toll gemacht«, hauchte mir Bernd ins Ohr. Er küsste mich auf die Stirn.

Ich war glücklich und schlief selig ein. Mein Leben, jetzt war es wirklich ein Traum.

*

Angelina, so tauften wir unsere Kleine, war das liebste Kind der Welt. Sie schrie nie, schlief viel, und wenn sie ihre kleinen Äuglein aufschlug, sah sie mich immer nur ganz still an.

Julian war völlig anders gewesen. Er war ein unruhiges und lautes Kind und hatte mich anfangs mächtig auf Trab gehalten. Angelina dagegen bemerkte man kaum. Sie war so verschlafen, dass ich morgens ganz in Ruhe Julian fertig machen konnte und erst danach die Kleine aus dem Bett holen musste.

»Euer Kind meint es gut mit euch«, meinte Bernds Mutter schon nach wenigen Tagen. »Man merkt die Kleine ja kaum. So ein ruhiges Kind habe ich noch nie erlebt.«

»Ja, aber warte mal ab. Das wird sich noch ändern«, entgegnete ich damals.

Doch es änderte sich nicht. Angelina blieb ungewöhnlich ruhig, viel zu ruhig. Besonders fiel mir das auf, als sie ihre Impfungen bekam.

Als ich mit ihr im Arm auf den Arzt wartete, hörte ich das jammervolle Schreien eines anderen Babys, das vor uns an der Reihe war, und bereitete mich innerlich schon auf einen mächtigen Schreianfall vor. Aber Angelina bekam die Spritze und machte keinen Mucks dabei.

»Das ist aber ein geduldiges, liebes kleines Mädchen. Ich

wünschte, es gäbe mehr solche Patienten«, meinte der Kinderarzt, und meine winzige Prinzessin lag da, so leise und ruhig, dass es fast schon unwirklich war.

Mir ging damals in dieser Situation zum ersten Mal die Fantasie durch: Hatte sie nur ein besonders stilles und ruhiges Naturell? Oder fehlte ihr etwas?

»Von mir hat sie das nicht, Herr Doktor«, sagte ich leise und wollte mich mit dem albernen Satz selbst von meinen ernsten Gedanken ablenken.

Der Kinderarzt ahnte, was in mir vorging.

»Machen Sie sich mal keine Sorgen, Frau Emming. Sie werden sich später noch manches Mal gern an diese ruhigen Zeiten erinnern. Ihre Tochter wird Ihnen schon bald richtig Dampf machen. Genießen Sie noch die Zeit, in der sie so ausgeglichen und zufrieden ist wie jetzt.«

Ich lächelte, streichelte meinem kleinen Mädchen über die Wangen und freute mich riesig über diese Einschätzung.

Und der Arzt machte gleich weiter.

»Wissen Sie, Kinder entwickeln sich nicht alle gleich schnell. Angelina ist eine Frühgeburt und ein bisschen entwicklungsverzögert. Aber das gibt sich. Bleiben Sie einfach geduldig. Sie holt das noch auf.«

»Ich möchte das gern glauben, Herr Doktor«, entgegnete ich dankbar. Und doch grummelte die Unsicherheit weiter in mir, und ich ließ deshalb auch nicht locker.

»Aber sehen Sie mal, die Hände. Die bewegt sie kaum. Das macht mich manchmal unruhig.«

Der Arzt ergriff jetzt vorsichtig ihre kleinen Fingerchen, drehte langsam das Handgelenk hin und her. »Ich sehe nichts Auffälliges. Aber kommen Sie auf jeden Fall zur nächsten Untersuchung. Ich möchte mir das dann noch einmal ansehen.«

»Sie krabbelt auch nicht«, hakte ich weiter nach. »Herr Doktor, das ist doch nicht normal.«

»Doch, doch«, versuchte mich der Mediziner erneut zu beruhigen. »Kinder entwickeln sich ganz unterschiedlich, oft auch in Schüben. Seien Sie unbesorgt.«

Als ich Angelina wenig später anzog, ging es mir trotzdem nicht gut. Ich hatte Zweifel, ob mein Kind gesund war. Aber ich hatte auch Zweifel an meiner Einschätzung.

»Du witterst überall Katastrophen«, hatte mir mein Vater früher öfter gesagt. Vermutlich war das immer noch so. Ich musste mir das endlich abgewöhnen …

»Hör auf, dir immer so viel Gedanken zu machen«, meinte auch Bernd später zu. »Mit Kindern muss man positiv denken!«, war sein Rat. Es stimmte ja. Ich musste aufhören, mich in schlimme Stimmungen hineinzusteigern, stattdessen positiv denken und zuversichtlich sein.

Liebevoll summte ich Angelina in den nächsten Wochen viele Male am Tag ihr Lieblingslied vor: »Alle Vögel sind schon da.« Das mochte sie immer ganz besonders gern.

Zumindest glaubte ich das, obwohl sie sich nie dabei rührte. Sie war eben noch zu klein. Aber irgendwann würde sich das ändern, und sie würde mitsingen, ganz bestimmt.

Kapitel 2

Ihr ganzer kleiner Körper war tomatenrot, die Ärmchen und Beinchen zuckten beängstigend heftig, und ihre Augen waren so weit aufgerissen, dass es gespenstisch aussah. Der Blick war starr und leer, und mein kleines Mädchen röchelte und japste verzweifelt nach Luft. So laut, dass ich davon wach geworden war. Jetzt stand ich am Kinderbettchen und wusste, es ging um alles. Angsterfüllt nahm ich mein Kind hoch und rannte ins Schlafzimmer zurück.

»Bernd, Bernd, wach auf! Schnell, ruf den Krankenwagen, wir brauchen Hilfe.«

Bernd war sofort hellwach. Als er Angelina sah, war ihm klar, dass wir keine Zeit verlieren durften.

Er zog sich in Windeseile die nächstbesten Kleidungsstücke an, griff nach den Autoschlüsseln und nahm mir das Kind aus dem Arm. »Schnell«, rief er mir zu. »Mach dich fertig und komm.«

Wenige Minuten später rasten wir schon mit dem Auto zur Klinik. Ich hatte bereits die Notaufnahme verständigt. Als wir vorfuhren, war alles vorbereitet.

Zwei Ärzte nahmen uns Angelina sogleich ab und brachten sie in den Behandlungsraum. Bernd und ich saßen starr vor Schreck und Angst, eng aneinandergeschmiegt, auf zwei Stühlen vor der Eingangstür und hielten uns stumm an den Händen.

»Sie hat sich vielleicht erkältet!«, meinte Bernd im Flüsterton. Aber ich wusste, dass er mich damit nur ablenken wollte. Kein Kind, das erkältet ist, sah so aus.

»Oder sie hat sich an etwas verschluckt und deshalb keine Luft bekommen. Das passiert schnell bei kleinen Kindern!«, mutmaßte er weiter. Er malte sich bewusst Ursachen aus, die ein harmloses Ende versprachen. Aber ich ahnte damals, dass es anders kommen würde.

Die Sorge um mein Kind schnürte mir die Kehle zu, und ich bekam kaum einen Ton heraus. Ich ließ Bernd reden, weil ich wusste, dass ihm das durch die Situation half. Aber geglaubt habe ich ihm kein einziges Wort.

Als schließlich der Arzt zu uns kam, wusste ich sofort, dass er keine guten Nachrichten für uns hatte. Sein Blick war zu ernst.

Er zog einen Stuhl heran und setzte sich direkt neben uns, vermutlich, um eine Atmosphäre der Vertrautheit zu schaffen. Doch bei mir löste das nur noch mehr Sorge aus. Mein Herz pochte wie verrückt.

»Ihre Tochter hatte einen epileptischen Anfall!«, sagte er geradeheraus und wollte weitersprechen, aber ich unterbrach ihn sofort.

»Warum? Warum bekommt sie das?«, japste ich nervös und verspürte eine grenzenlose Hilflosigkeit.

Der Arzt nahm mir meine Unhöflichkeit nicht übel.

»Das kann ich Ihnen nicht sagen … noch nicht«, sprach er weiter. »Aber geben Sie uns etwas Zeit. Wir behalten die Kleine erst einmal über Nacht hier.«

»Ich bleibe bei meinem Kind!«, sagte ich sofort und sprang ungeduldig auf. »Wo ist Angelina? Bitte lassen Sie uns zu ihr!«

Der Arzt nickte.

»Kommen Sie bitte mit!«

Wir trotteten brav den langen Klinikflur entlang hinter ihm her bis zu ihrem Zimmer. Angelina schlief in einem Kinderbettchen, so bewegungslos wie immer. Aber dieses Mal konnte mich das Bild des schlafenden Kindes nicht mehr beruhigen. Ich wusste, dass schwere Zeiten auf mich zukommen würden.

Bernd fuhr später nach Hause, um sich um Julian zu kümmern, und ich legte mich völlig erschöpft in das für mich zu Angelina hineingeschobene Krankenbett.

Aber ich bekam in dieser Nacht kein Auge zu. Während meine Kleine gleichmäßig atmete und keinen weiteren Mucks von sich gab, starrte ich sorgenvoll an die Decke. In meinem Kopf drehten sich die Bilder der letzten zwei Jahre. Angelinas Entwicklung war mehr als besorgniserregend. Sie sprach und krabbelte immer noch nicht, sie konnte weder allein essen noch in einem Buch blättern. Von wegen, ich wäre katastrophensüchtig. Jetzt, durch den epileptischen Anfall, war es nicht mehr wegzudiskutieren: Etwas stimmte nicht mit meiner Tochter.

Ich brauchte endlich Gewissheit.

*

»Ihr Kind ist leider behindert. Hat Ihnen das denn noch niemand gesagt?«

Sätze wie Faustschläge. Ich saß vor dem wuchtigen Schreibtisch des Oberarztes, der schmallippig vor mir thronte und seine Unterlagen studierte.

Alles um mich herum drehte sich. Zwei Tage hatte man Angelina untersucht. Jetzt sollte ich das Ergebnis erfahren. Es war früher Vormittag. Eine Krankenschwester hatte mich in das Sprechzimmer gebracht. Ich rechnete mit vielem, aber nicht damit, zumindest nicht in dieser Deutlichkeit.

»Behindert? Wie? Was heißt das denn genau?«, stammelte ich und konnte gar keinen klaren Gedanken mehr fassen.

Ich weinte, ach was, ich schluchzte. Wie ein Sturzbach liefen mir die Tränen übers Gesicht, und ich brauchte mehrere Minuten, um mich zumindest so weit zu beruhigen, dass ich dem Arzt überhaupt weiter folgen konnte.

Er sprach von Epilepsie, von einer kognitiven Entwicklungsverzögerung und schilderte damit nur die Symptome. Auf die Ursache wollte er nicht eingehen. Trotz mehrfachen Nachfragens konnte er mir nicht sagen, was Angelina eigentlich hatte.

»Wir wissen es nicht. Dazu sind Untersuchungen nötig, die wir hier im Haus nicht durchführen können«, erklärte er schließlich weiter. »Wir können auch den Grad der Behinderung noch nicht einschätzen.«

Er lehnte sich in seinem großen schwarzen Lederstuhl zurück und machte eine Pause. Offenbar wollte er mir Zeit lassen, das Gehörte zu verdauen.

»Aber wir geben Ihnen Adressen von Fachkliniken, in denen man Ihnen weiterhelfen kann.«

Ich konnte nur stumm nicken. Der Schock saß zu tief.

Als ich später auf dem Klinikflur stand, lag meine ganze heile Welt in Schutt und Asche.

Ich rief Bernd im Betrieb an. Er kam sofort. Wie vom Schicksal Geschlagene hielten wir uns in den Armen und konnten nicht fassen, was wir soeben erfahren hatten.

»Vielleicht irren sie sich ja!«, meinte Bernd kleinlaut und klammerte sich damit an das letzte Fünkchen Hoffnung, das man als Mensch in solchen Situationen wohl dringend braucht.

»Es klang aber nicht so«, entgegnete ich ehrlich. »Aber wir werden nichts unversucht lassen, um herauszufinden, was mit unserem Engel los ist …«

*

Das erste Jahr danach war sehr schlimm. Angelina entwickelte sich quasi überhaupt nicht weiter. Sie wuchs zwar, blieb aber ansonsten ein Baby. Sie lief weiter nicht, sprach nicht, zeigte kaum Appetit. Mittlerweile war es auch auf den ersten Blick erkennbar, dass unser Kind krank, ja, behindert war. Die Kleine lag den ganzen Tag auf dem Sofa und starrte vor sich hin. Genauso war es, wenn ich sie im Kinderwagen spazieren fuhr. Es gab keinerlei Anzeichen, dass sie auf irgendetwas reagierte. Ich hatte längst aufgehört, »Alle Vögel sind schon da« zu summen.

Wir suchten in dieser Zeit drei verschiedene Unikliniken auf und waren jeweils mehrere Tage vor Ort. Es waren quälende Besuche. Man nahm umfangreiche Genuntersuchungen vor und machte Entwicklungstest, dachte auch über eine Hirn-OP nach, was man dann aber wieder verwarf. Doch am Ende gingen wir immer ohne Ergebnis nach Hause.

Wir bekamen jedes Mal die identische Kernaussage zu hören: »Es sind weitere Untersuchungen nötig. Wir empfehlen Ihnen, sich an den Spezialisten … zu wenden!«

Und damit begann alles wieder von vorn.

Niemand wusste, warum Angelina so war, wie sie war, und es fühlte sich an, als ob wir gegen Windmühlen kämpfen würden. Unsere Nerven lagen blank, Bernd und ich waren beide sichtbar angegriffen.

Ich litt so sehr unter der Situation, dass ich meine ganze Aufmerksamkeit der Kleinen schenkte, Julian viel zu kurz kam und mich das schlechte Gewissen innerlich auffraß. Und nicht nur das. Ich verlor auch Bernd allmählich mehr und mehr aus den Augen, der sich als Ausgleich in die Arbeit stürzte.

Er kam mit der Situation überhaupt nicht zurecht und veränderte sich zusehends. Wenn er nach einem langen Arbeitstag endlich in der Tür stand, spielte er zwar noch mit Julian Karten oder die beiden bolzten im Garten, aber er sah kaum nach Angelina, wollte mit ihr nichts unternehmen und fragte auch nie, was ich mit ihr tagsüber erlebt hätte.

Er ließ sie links liegen. Das tat mir sehr weh, ich fühlte mich in der Situation furchtbar alleingelassen und deutete es so, dass er sie nicht liebte.

Wir hätten damals reden müssen. Aber vermutlich fehlte uns beiden dazu die Kraft. Wir lebten nebeneinanderher. Jeder für sich gefangen im Schmerz.

Heute bin ich mir sicher, dass Bernd unser Kind genauso liebte wie ich, aber nicht wusste, wie er mit seinen Gefühlen zurechtkommen sollte. Er rannte vor ihnen weg. Ich hätte ihm helfen müssen.

Aber damals sah ich das alles anders. Mich verletzte sein nach außen hin gleichgültiges Verhalten, und es brachte mich dazu, immer weniger mit ihm zu sprechen. Unsere anfangs so liebevolle Beziehung erkaltete in Rekordzeit. Wir wickelten nur noch die nötigen Alltagsdinge gemeinsam ab. Aber was jeder von uns fühlte, was uns bewegte und beschäftigte, das machten wir alles mit uns allein ab.

Wir waren verheiratet, hatten die Verantwortung für zwei Kinder und wechselten so gut wie kein Wort miteinander. Das machte mich zutiefst traurig, trieb mich immer mehr von ihm weg und ließ mich auch immer abweisender reagieren. Ich konnte das Abgekoppeltsein von dem Mann, den ich liebte und mit dem ich einmal so glücklich war, kaum ertragen, und entsprechend reagierte ich auf Bernd: muffig, einsilbig, ja, auch ablehnend.

Wir steckten in einem verhängnisvollen Abwärtsstrudel – und so zeichnete sich ab einem gewissen Punkt, für uns beide eigentlich unvorstellbar, das Ende unserer Liebe ab. Und zwar in einem Tempo, wie wir es uns nie hätten träumen lassen.

Fünf Jahre nach unserer Hochzeit wollte ich das teilnahmslose Nebeneinanderherleben nicht mehr länger ertragen. »Besser allein als gemeinsam einsam«, sagte ich mir damals. Auf den Tag genau fast ein Jahr nach der schlimmen Aussage des Arztes, dass unser Kind behindert sei, platzte bei uns die Bombe.

Bernd kam damals wie immer erst spät nach Hause, setzte sich nach einem knappen »Hallo« in die Küche und biss teilnahmslos in sein Butterbrot. Ich saß um diese Zeit in der Regel schon im Wohnzimmer, sah fern oder spielte etwas mit Julian.

Gemeinsame Mahlzeiten gab es bei uns schon lange nicht mehr. Ich hatte das Schweigen am Tisch bald nicht mehr ausgehalten und mich mehr und mehr auf einen Alltag ohne Bernd eingestellt. Familienleben? Das war vorbei.

Ich machte Angelina immer am frühen Abend allein fertig und aß später mit Julian, damit ich wenigstens eine geregelte Mahlzeit mit meinem Sohn hatte. Wenn Bernd kam, waren wir beide schon fertig, und die Küche war leer. Er aß dann allein, las dabei Zeitung.

Aber an diesem Abend setzte ich mich zu ihm. Ich musste mit Bernd reden.

»Ich werde ausziehen!«, sagte ich mit fester Stimme und war überrascht, dass er kaum darauf reagierte. Wir saßen wie ferngesteuerte Puppen nebeneinander und besprachen völlig emotionslos, wie wir unsere Familie abwickeln würden. Es war grausam.

Doch wir waren uns in Rekordzeit einig. Bernd zeigte sich großzügig. Er sicherte mir ausreichend Unterhalt zu, sodass ich für mich und die Kinder eine schöne Wohnung mieten konnte und weiterhin nur stundenweise arbeiten musste. Dafür übernahm ich die Versorgung von Angelina.

Ich wurde das Gefühl nicht los, dass er sich freikaufte. Ich wusste, er war eigentlich ein herzensguter Mensch, aber seine Seele war so verletzt, dass ihn mein Auszug vermutlich erleichterte. Denn wenn ich mit Angelina ging, war das Leid nicht mehr so nah.

Ich war froh, dass ich ausziehen konnte, und rechnete es Bernd hoch an, dass er mir aufopferungsvoll dabei half. Er war sich für nichts zu schade, schleppte, schraubte und reparierte. Ich fühlte mich wunderbar umsorgt und dachte in einigen Momenten darüber nach, ob meine Entscheidung nicht doch voreilig gewesen war, zumal mich meine Schwiegereltern auch in keiner Weise für meinen Entschluss verurteilten, mit den Kindern zu gehen.

»Wir werden uns weiterhin um Angelina kümmern. Komm immer vorbei, wenn du uns brauchst«, meinte meine Schwiegermutter zum Abschied. Dann nahm sie mich fest in den Arm und sagte: »Das Haus steht dir offen!«

In meinen Augen war das eine ungeheuer starke Reaktion. Denn die beiden hatten es ja auch nicht leicht mit einem behinderten Enkelkind. Es war schwer für sie, mit Angelina zurechtzukommen. Wenn Großeltern an ihre Enkel denken, haben sie eine klare Vorstellung, wie ihr Leben mit ihnen aussieht. Sie möchten Ausflüge machen, ihnen die Welt zeigen, mit ihnen das Laufen üben oder Fahrrad fahren, ihnen Lesen und Schreiben beibringen. Davon haben sie Bilder im Kopf und im Herzen. Und dann erleben sie ein Kind, das sabbert und nicht mal reagiert, wenn es angesprochen wird. Ein Kind, das alles braucht, aber auf den ersten Blick nichts gibt. Da sind sie natürlich traurig und enttäuscht, aber auch unsicher und hilflos. Das Ergebnis ist klar: Sie ziehen sich in der Regel zurück.

Aber bei meinen Schwiegereltern war das anders. Sie haben zumindest ehrlich versucht, ihr Enkelkind so anzunehmen, wie es war. Sie haben Angelina immer zu sich genommen und sich bemüht, sie zu betreuen, auch wenn sie schnell an ihre Grenzen stießen. Aber den Willen und den Mut, den habe ich ihnen immer hoch angerechnet, und für jede Stunde der Hilfe und Entlastung war ich ihnen sehr dankbar.

Viele meiner Freunde hingegen haben nicht so aufgeschlossen reagiert. Als klar war, was mit Angelina los ist, haben sich die allermeisten nicht mehr gemeldet, sind einfach abgetaucht in die Normalität ihres Lebens und ließen mich allein. Zwei meiner einst besten Freundinnen haben meine Tochter als »Krüppel« und »Schwachsinnige« bezeichnet. Andere haben es vermutlich nicht ausgesprochen, aber gedacht. Jedenfalls wurde ich nicht mehr eingeladen. Geburtstage feierte man ohne mich, und meine Freundinnen trafen sich fortan allein zum »Mädelsabend«. Mich wollte man nicht mehr dabeihaben.

Das hat mir erst das Herz gebrochen und mich dann stark gemacht. Solche Freunde braucht man nicht.

Und so wurde es schnell leer um mich herum. Ein Mann, der sich abkapselte, Schwiegereltern, die überfordert waren, Freunde, die keine Lust auf ein behindertes Kind hatten. Ich war allein und fühlte mich ausgegrenzt.

Mit meinem Auszug aus der ehelichen Wohnung verschlechterte sich meine Situation dann noch weiter. Ich war jetzt komplett isoliert und weinte manche Nacht aus tiefster Verzweiflung und Hoffnungslosigkeit. Denn ich wusste nicht, wie ich das allein mit Angelina schaffen sollte.

Mit meinen Eltern konnte ich nicht rechnen. Sie wohnten zu weit weg. Zudem war mein Vater krank. Er hatte Diabetes und fühlte sich meistens nicht gut. Meine Mutter musste allein den kleinen landwirtschaftlichen Betrieb stemmen. Ich konnte sie unmöglich noch mehr belasten. Mit meiner Schwester Silvia hatte ich schon lange keinen Kontakt mehr. Sie war die Erste, die mir bei einem zufälligen Kontakt offen sagte, dass sie sich ein Zusammensein mit einem behinderten Kind nicht vorstellen könne. Was gab es darauf noch zu sagen? Ich hielt mich einfach von ihr fern.

Es war also weit und breit nicht mit einer nennenswerten Unterstützung zu rechnen. Und doch spürte ich, dass die Trennung von Bernd und der Umzug nach Nordhorn in eine neue Wohnung der richtige Weg für mich war. Ich hatte jetzt räumlichen Abstand, hatte etwas geklärt und abgeschlossen. Das war mir wichtig.

Aber es bedeutete auch, dass ich Tag für Tag einen Drahtseilakt vollführte: Auf der einen Seite musste ich funktionieren, stark sein, alles geben. Auf der anderen Seite aber auch an mich denken und mich schonen, meine Kräfte einteilen. Ich durfte mich nicht bis zum Letzten aufopfern, denn sonst wäre Angelina irgendwann vielleicht allein und stünde ohne den Schutz und die Fürsorge einer liebenden Mutter da – und diese Vorstellung konnte ich nicht ertragen.

»Du musst dich fit halten, für deine Tochter«, hat mir eine Mutter gesagt, die ich in einer der Kliniken kennenlernte. Sie hatte auch ein behindertes Kind, das allerdings schon fast erwachsen war. Sie besaß viele Jahre »Vorsprung«, und ich habe ihr aufmerksam zugehört und mir diesen Rat zu Herzen genommen.

Allerdings hatte ich keine Ahnung, wie das hätte aussehen können. Denn Angelina forderte mich rund um die Uhr. Für mich gab es nur eins: Zähne zusammenbeißen und durchhalten. Nicht jammern, sondern einfach machen. Ich wuchs über mich selbst hinaus. Weil es nicht anders ging.

»Gib sie doch weg. In einem Heim hat sie es gut!«, empfahl mir einmal eine Freundin, die mit mir in die Ferien fahren wollte. Sie hatte zwei Kinder im Alter von Angelina und Julian.

Ich wäre gern mit ihr gereist, aber sie wollte nicht, dass Angelina mitkommt. »Das kann ich meinen Kindern nicht erklären!«, war ihr Argument. »Wie sollen sie denn so einen Anblick verarbeiten.« Sie fand Angelina »zu abstoßend« für ihre schönen und gesunden Kinder. Ich habe es hingenommen und bin zu Hause geblieben. Da ist sie mit einer anderen Freundin verreist, die auch schöne und gesunde Kinder hatte. Damals wusste ich, dass die schweren Zeiten noch lange bleiben würden.

Klar hätte ich es mir leicht machen und Angelina in ein Heim geben können. Aber ich liebte meine Kinder von ganzem Herzen und das kranke auf eine ganz spezielle Art, die man schlecht beschreiben kann. Zu wissen, dass niemand Angelina lieben, ja, nicht einmal mögen würde, ließ mich das Füllhorn der Gefühle besonders intensiv über sie ausschütten. Ich war bereit, alles für dieses kleine Mädchen zu tun. Denn gerade weil es so ganz anders war als all die anderen Kinder, liebte ich es nur noch mehr.

Und trotz oder gerade wegen seiner Behinderung konnte

dieses Kind auch ganz viel geben. Obwohl Angelina als Baby lethargisch und teilnahmslos gewesen war, hatte sie sich dank vieler Therapien den Umständen entsprechend gut entwickelt, war mittlerweile sogar häufig richtig fröhlich, lachte ungewöhnlich herzlich, und zu sehen, über was für Kleinigkeiten sie sich nun freuen konnte, berührte immer wieder mein Herz. Ein kleines Heftchen, ein Bild, ein Werbespot im Fernsehen, und sie juchzte so überschwänglich und zufrieden, dass sie mich damit für alle Anstrengungen belohnte. Ich konnte ihr Freude schenken, das war mein ständiger Motor, der mich immer weitermachen ließ.

Ich hätte mir gewünscht, dieses Glück teilen zu können. Es war so schade, dass sich niemand auf sie einlassen wollte.

*

»Kann ich Ihnen helfen?« Vor mir stand ein großer, kräftiger Mann mit kurz geschnittenem blonden Haar, einer schicken Brille und einem faszinierenden Lächeln.

Ich war in der Tiefgarage eines Einkaufszentrums und versuchte, Angelina im Rollstuhl in den viel zu engen Fahrstuhl zu bugsieren. Wir wollten in das nahe gelegene Modegeschäft. Angelina brauchte Kleidung – und ich heute mal andere Bilder im Kopf. Obwohl es anstrengend war, mit dem unförmigen Kinderwagen unterwegs zu sein, machte ich es gern. Denn so ein Einkaufsbummel verhieß Abwechslung, meine einzige.

Ganz klar, ich hatte die Tristesse meines Alltags unterschätzt. Zumal mich auch Julian verlassen hatte, was ein riesengroßer Schock für mich war. Die erste Zeit in unserer neuen Wohnung war der Junge nur am Wochenende zu seinem Vater gefahren, aber dann verbrachte er immer mehr Zeit bei Andreas. Erst fuhr er nur in den Ferien zu ihm, und schließlich wollte er ganz bei ihm bleiben. Ich kämpfte eine Zeit lang dagegen an, indem ich ihn vermutlich viel zu sehr verwöhnte. Aber die Belastungen durch seine schwerstbehinderte Schwester konnte ich damit nicht ausgleichen. Er wollte Normalität, Freunde nach Hause einladen können, die nicht abgeschreckt gleich wieder wegliefen. Er wollte nicht nachts ständig geweckt werden, wenn Angelina unkontrolliert herumschrie, und er wollte nicht mehr erleben, dass sie herumspuckte oder mit Essen warf. Ich konnte ihm das letztlich nicht verwehren.

Er wollte bestimmt auch eine Mutter, die mehr Zeit für ihn hatte und mit der er mal spontan etwas unternehmen konnte. Aber ich war doch an Angelinas Tagesablauf gebunden.

Morgens brauchte ich zwei Stunden, um Angelina zu waschen, anzuziehen und zu füttern. Um acht Uhr wurde sie abgeholt und in einen heilpädagogischen Kindergarten gefahren, um sechzehn Uhr kam sie zurück. In der Zwischenzeit hetzte ich in den Salon, frisierte geduldig meine Kundinnen, aber immer mit dem Blick auf die Uhr, damit ich pünktlich um sechzehn Uhr wieder zurück war, um Angelina in Empfang nehmen zu können. Danach sah sie fern oder döste auf dem Sofa, und ich erledigte die Hausarbeiten wie Kochen, Waschen, Bügeln.

Wenn sie um acht Uhr abends ins Bett ging, herrschte aber keine Ruhe. Angelina schlief immer unruhig. Sie lag auf einer Spezialmatte, die ihre Körperfunktionen kontrollierte und bei bestimmten Werten sofort lospiepte. Leider gab es auch häufig Fehlalarme. Jedenfalls musste ich jede Nacht mehrmals aufstehen und nach ihr sehen.

Durchschlafen? Daran kann ich mich nicht erinnern. Etwas unternehmen? Mit Julian ins Kino gehen, mal shoppen oder gemeinsam eine Pizza essen gehen beim Italiener. Unmöglich. Das ging nur, wenn Angelina bei Bernd war, maximal ein, zwei Tage im Monat.

An Tagen, an denen mit Angelina Arztbesuche auf dem Programm standen oder Therapiesitzungen und niemand aus Bernds Familie übernehmen konnte, musste ich mir im Geschäft freinehmen und mich mit ihr auf die Reise machen. Dann kamen wir oft erst spätnachmittags wieder.

Julian wollte so nicht leben, und ich konnte ihn verstehen. Schweren Herzens stimmte ich zu und ließ ihn ziehen.

Ich blieb allein zurück und hatte jetzt nichts mehr. Außer der Perspektive, mal durch ein Einkaufscenter zu laufen. Wenn mir also die Decke so auf den Kopf fiel, schnappte ich mir Angelina und düste los. Wir gingen dann shoppen, so wie heute, und ich nahm die damit verbundenen großen Anstrengungen in Kauf, mich mit dem Rollstuhl durch Fahrstühle und Menschenmengen zu kämpfen.

Aber nun stand da dieser nette Mann und fragte, ob ich Hilfe bräuchte.

Meine Güte, wie lange war es her, dass jemand mich so etwas gefragt hat. Man muss wissen, dass ich Angelina auch oft schleppen musste. Nicht alle Praxen besaßen einen Fahrstuhl. Ich habe sie dann auf beiden Armen getragen oder sie mir oft wie einen Sack über die Schulter gelegt und mich auf den Weg gemacht. Es hat nie jemand gefragt, ob er mir helfen könne. Vermutlich wollten viele Menschen freundlich sein. Aber das quiekende Kind schreckte auch ab. Also ging man mit gesenktem Kopf an mir vorbei und tat so, als hätte man das alles nicht gesehen. Ich konnte die Menschen verstehen und hätte es vermutlich ohne die Erfahrung am eigenen Leib auch so gemacht. Alles, was einen nicht unmittelbar betrifft, klammert man schnell aus.

Und jetzt war da jemand, der nichts verdrängte, sondern hinsah und helfen wollte. Ich spürte, dass ich ihn regelrecht anstrahlte. »Ja gern«, sagte ich mit vor Freude blitzenden Augen, und mein Kavalier langte ohne Scheu nach den Griffen des Rollstuhls und schob das Gefährt mit einem kräftigen Ruck in die Fahrstuhlkabine.

»Wo möchten Sie hin?«, fragte er aufmerksam, und während er auf meine Bitte hin die »2« drückte, standen wir Schulter an Schulter, und ich war ganz verlegen, weil wir uns so lange berührten und nicht ausweichen konnten.

Als wir ankamen, war die Geschichte noch lange nicht zu Ende: Es wurde eine Liebe daraus. Rainer, so hieß der Kavalier, wurde der neue Mann in meinem Leben. Er war genauso alt wie ich, von Beruf Versicherungsvertreter und seit einigen Jahren geschieden.

Es klappte unter anderem so gut mit uns, weil er sich mit behinderten Menschen auskannte und keinerlei Berührungsängste hatte. Seine jüngere Schwester war geistig behindert, er war mit ihr groß geworden und er kümmerte sich nach wie vor rührend um sie.

»Ich möchte mit dir und den Kindern leben«, eröffnete er mir völlig überraschend schon nach wenigen Treffen. Ich war begeistert. Denn er konnte wunderbar mit Angelina umgehen, und während der Besuche Julians baute sich eine regelrechte Männerfreundschaft auf, sodass mein Sohn schließlich zu meiner großen Freude zu mir zurückkehrte. Rainer war in meiner Lebenssituation der Jackpot.

Unsere Liebe tat mir gut. Ich fühlte mich nicht länger vom

Leben abgetrennt, sondern hatte wieder einen Alltag mit Lachen, Gesprächen, Abwechslung. Abends saß ich nicht mehr allein vor dem Fernseher, an den Wochenenden waren wir viel unterwegs. Wir fuhren in Tierparks, machten Spaziergänge, gingen in Restaurants. Es war herrlich. Und Rainer war es schließlich auch, der darauf drängte, dass ich mal länger »Abwechslung« bekäme. Er wollte mit uns verreisen.

»Warum sollte man mit einem behinderten Kind nicht fliegen können?«, hatte er spontan angemerkt, als ich ihm vorschwärmte, wie schön es in der Türkei sei. Ich war bereits zweimal allein dort gewesen, jeweils für eine Woche. Bernd hatte damals Angelina genommen. Und jetzt stellte mir Rainer in Aussicht, mit ihm und meinen Kindern am Pool zu liegen. Es klang nach einem echten Traum.

Ich wusste schon lange, dass ich körperlich am Ende war und dringend eine Auszeit brauchte. Ich war oft so erschöpft, dass mir schwindelig wurde. Zugleich war ich innerlich aber so angespannt, dass ich nie wirkliche Ruhe fand. Ich dachte immer nur: Ich kann das, ich schaffe das, ich funktioniere.

Rainer sah das anders.

»Du kannst nicht immer so weitermachen. Du musst auch mal raus aus allem und wenigstens ein paar Stunden am Tag für dich haben«, hatte er gemeint und sehr auf diese Reise gedrängt. Er wollte mich im Hotel mit Angelina entlasten, versprach mir sogar, sich auch mal nachts um sie zu kümmern, damit ich nicht nur ein paar Stunden am Tag ausspannen, sondern auch mal durchschlafen könnte. Ich war so glücklich.

Als wir den Flieger Richtung Türkei bestiegen, ahnte ich nicht, dass ich niemals ankommen würde, mich statt weißen Mittelmeerstrands ein steriles Klinikzimmer erwartete.

Die Türkei und die großen Erwartungen, nichts hatte sich davon erfüllt. Im Gegenteil. Die Reise hatte alles noch viel schlimmer gemacht und mich dann in die Knie gezwungen …

*

Mutlos sehe ich in den düsteren deutschen Himmel. Es regnet. Ich bin schon über eine Woche in der Klinik und gehe sehr selbstkritisch mit meiner so unverhofft eingetretenen Lebenskrise um. Ja, ich bin selbst schuld an der dramatischen Entwicklung. Ich drehte das Rad zu lange zu schnell und achtete dabei, ganz anders als geplant, viel zu wenig auf mich. Jetzt habe ich die Quittung dafür bekommen. Ich liege im Bett, lasse mein Leben Revue passieren und weiß nicht, wie es mit mir, Rainer und den Kindern weitergehen soll.

»Sie werden uns ja bald verlassen«, flötet Schwester Inge und klopft mir aufmunternd auf die Schultern. Ich schrecke hoch, sehe sie verdutzt an. Ich war so in Gedanken versunken, dass ich sie gar nicht habe kommen hören.

Inge plaudert fröhlich weiter. »Es freut mich für Sie, Frau Emming, dass Sie sich so gut erholen konnten. Aber mir tut es leid, dass Sie gehen. Ich finde es schade, weil wir bald nicht mehr so nett miteinander plaudern können.«

Während sie mir eine Infusion verabreicht, erzählt sie von einem Ausflug, den sie mit ihrem Mann am Wochenende unternommen habe, und schwärmt von ihrer süßen Tochter, die gerade zehn Jahre alt geworden ist. Ich höre ihr gern zu. Ihr Leben ist so beneidenswert normal.

Jetzt möchte sie meinen Blutdruck messen, streift mir die Manschette über den Arm, und langsam realisiere ich, was sie mir als Erstes gesagt hat. Ich strahle sie an und könnte hüpfen vor Glück. Denn ich habe den Satz genau gehört: »Sie werden uns ja bald verlassen!« Das heißt, ich kann gehen.

»Ich darf wirklich nach Hause!«, juble ich. »Ich kann Ihnen gar nicht sagen, wie sehr ich mich darauf freue!«

»Nach Hause?« Schwester Inge sieht mich irritiert an, während sie kontrollierend auf das Blutdruckgerät sieht. »Besprechen Sie das bitte noch mal mit dem Doktor. Ich dachte, es geht in die Reha!«

»Reha!« Ich zucke bei dem Wort zusammen. »Reha geht für mich nicht. Ich muss nach Hause, und zwar ganz schnell. Das weiß der Doktor auch.«

Schwester Inge lächelt wieder. »Jetzt denken Sie aber mal an sich, Frau Emming. Sie müssen doch dauerhaft für Ihre Kinder da sein, und wie Sie erzählt haben, sind die beiden doch prima versorgt.«

Aber ich höre gar nicht mehr hin, ich bin in Gedanken schon dabei, mich gegen den Arzt in Stellung zu bringen. Auf keinen Fall gehe ich irgendwohin. Ich will und muss nach Hause.

Kapitel 3

»Ja, weiter so, versuchen Sie es!«

Ich sehe Uwe, meinen Physiotherapeuten, ratlos an. »Aber es geht doch nicht«, murmle ich leise und koche innerlich.

Ich bin wütend auf mich und mein Unvermögen, immer noch nicht laufen zu können. »Sehen Sie, wie ich gehe? Ich kann mich so nicht auf den Beinen halten.«

Völlig entmutigt breche ich die Übung am Laufbarren ab und lasse mich auf einen der umstehenden Hocker plumpsen.

»Verdammt noch mal. Ich kann nicht«, donnere ich meinen Frust heraus. »Der linke Fuß hat keinen Halt und zudem eine Fehlstellung. Ich bekomme die Ferse nicht mehr richtig auf den Boden und kann so unmöglich das Gehen üben.«

Uwe ist ungefähr in meinem Alter, sehr erfahren, sehr ruhig, sehr ausgeglichen, und offenbar hat er Nerven wie Drahtseile. Er setzt sich auf den Platz neben mir und holt erst einmal tief Luft, bevor er langsam und besonnen weiterspricht.

»Kerstin, Sie haben durch den Schlaganfall mit der Halbseitenlähmung eine leichte Form des Spitzfußes. Sie brauchen einfach Zeit und etwas Zuversicht. Das wird schon«, versucht er, mich zu trösten. »Wir arbeiten daran, Muskeln und Sehnen zu dehnen und den Fuß nach und nach wieder in die richtige Position zu bringen. Wenn Sie so weitermachen wie bisher, sieht alles gut aus.«

Ich schäme mich jetzt für meine Unbeherrschtheit und lächle verlegen.

»Aber es macht mich schier verrückt«, versuche ich, mein ungeduldiges Verhalten zu erklären. »Sehen Sie, mein linkes Bein ist ab dem Knie gelähmt, und ich kann den Fuß nicht komplett aufsetzen. Das wirkt so aussichtslos.«

Uwe schüttelt den Kopf.

»Ist es aber nicht. Mit Krankengymnastik kann man das gut wieder hinbekommen.«

Ich höre ihm aufmerksam zu und erzähle auch, warum es so wichtig sei, dass ich wieder »standfest« würde. Er kennt nur grob meine Lebenssituation, weiß aber, dass ich eine behinderte Tochter habe.

»Ich muss Angelina oft tragen. Allein, wenn ich sie morgens aus dem Bett hole, brauche ich einen festen Stand. Noch wichtiger ist es, wenn ich sie zu den Therapien bringe. Sie hat viele Termine jede Woche, muss zur Ergotherapie, Krankengymnastik, Sprachtherapie. Immer muss ich sie aus dem Kindersitz heben und in den Rollstuhl bugsieren. Das geht nicht, wenn ich selbst nicht richtig stehen kann.«

Uwe nickt mitfühlend.

»Sie müssen mich wieder auf die Beine bringen, Uwe. Ich kann mein Kind nicht im Stich lassen.«

»Na los, dann starten wir mal die nächste Runde«, fordert er mich auf, und ich stelle mich brav wieder an den Laufbarren und lege los. Dieses Mal murre ich nicht, sondern mache artig meine Übungen. Ich weiß ja, dass ich anders keine Chance habe.

Im Moment springen Bernd und seine Eltern noch oft ein und kümmern sich um Angelina. Aber das ist kein Dauerzustand. Ich muss fit werden, richtig fit, und das so schnell wie möglich. Dafür muss ich trainieren, und zwar eisern.

Ansonsten habe ich in den letzten Monaten viel geschafft.

Eigentlich sollte ich ja in die Reha, aber weil ich das abgelehnt habe, hat man mich mit einer Auflistung aller möglichen Therapien entlassen, die ich fleißig abarbeite, und das mit großem Erfolg.

Zum einen kann ich wieder recht klar sprechen. Man versteht mich von Tag zu Tag besser. Das Genuschele ist fast weg. Ein tolles Gefühl!

Aber auch meine Bewegungsabläufe sind nahezu wie früher. Nur der Fuß will partout nicht so, wie es sein sollte. Er hat keine Standfestigkeit und hängt kraftlos an meinem Unterschenkel. Ich kann nicht mit der ganzen Unterseite des Fußes auftreten, und das behindert mich enorm. All die Übungen, die ich immer pünktlich und zuverlässig mitgemacht habe, scheinen irgendwie nichts zu bringen.

Der Fuß ist nicht zu kontrollieren und knickt immer weg. Was das heißt, ist klar. Ich kann schnell stürzen, jederzeit und überall. Nicht auszudenken, wenn ich dabei Angelina auf dem Arm hätte und der kleinen Maus etwas passieren würde.

»Sehen Sie, ich habe hier im Gelenk keinen Halt«, sage ich zu Uwe und zeige auf die Stelle, an der sich mein Fuß wie Wackelpudding anfühlt. »Ich kann so nicht auftreten. Das kann nicht so bleiben, wirklich nicht!«

Ich sehe ihn fast schon flehend an.

»Bitte, Sie müssen mir helfen. Ich habe ein krankes Kind, das mich braucht und das ich so schnell wie möglich wieder ganz allein versorgen muss.«

Ich erspare Uwe die ganze Geschichte. Ich bin nämlich wieder Single. Rainer hat die Belastungen nicht ausgehalten und mich verlassen. Zwei Behinderte und ein Junge in der Pubertät, der am Wochenende kommt und Halligalli macht, das war ihm auf Dauer doch zu viel.

»Ich kann das alles nicht mehr«, stand auf einem Zettel, den ich in der Küche gefunden hatte.

»Mal wieder«, habe ich nur gedacht, den Zettel zerknüllt, ein paar Tränen vergossen, und das war es dann mit dieser kurzen Episode von Lebensglück.

Ich beiße also die Zähne zusammen und stelle mich darauf ein, dass ich für mich und Angelina allein sorgen muss, aber dafür muss ich laufen können.

Uwe verschwindet kurz in seinem Büro, dann kommt er mit einem Prospekt in der Hand zurück. »Ich denke, Sie sollten eine Zeit lang so eine Orthese tragen ...«

Er hält mir einen Prospekt mit einem dieser Ungetüme hin. »Sehen Sie sich das mal an. Damit geben sie dem Fuß Halt und können durch langsame Anpassung auch die Spitzfußstellung korrigieren.«

Das Wort »Halt« lässt mich aufhorchen.

Interessiert blättere ich durch die Unterlagen. Diese Mischung aus Bandage, Schiene und sonstiger Stütze sieht zwar wirklich beängstigend aus, scheint aber für mich genau richtig zu sein. Ich mache alles, wenn ich dadurch wieder die Chance habe, gehen zu können.

»Sprechen Sie mit Ihrem Orthopäden darüber. Ich kann mir gut vorstellen, dass er Ihnen das empfehlen wird.«

Als ich an diesem Tag nach Hause gehe, freunde ich mich allmählich mit der Idee an, vielleicht mit einer Orthese mein Leben zu meistern. Ich hätte damit endlich wieder die Standfestigkeit, um Angelina aus dem Rollstuhl zu heben und dauerhaft allein versorgen zu können. Denn ich mag nicht mehr die Hilfe von irgendwelchen Männern einplanen, die früher oder später sowieso schlappmachen und mich sitzenlassen.

Von da an kämpfe ich noch konsequenter für meine Tochter und mich.

*

»Dolphin Aid – Der Weg aus der Hoffnungslosigkeit.«

Der Slogan sticht mir sofort ins Auge. Ich bin in einer Buchhandlung auf der Suche nach einem geeigneten Kinderbuch für Angelina, in dem sie zumindest mit den Bildern etwas anfangen kann, und stehe plötzlich vor einem Plakat mit diesem Satz. Darunter liegt ein Stapel Bücher über die berühmte Delfintherapie.

Neugierig blättere ich darin. Die Fotos aus den USA sind ein Genuss für das Auge. Das Meer schimmert türkisfarben, der Sandstrand ist puderweiß, und die sympathischen Tiere strahlen so ansprechend von den Bildern, dass man sie am liebsten sofort knuddeln möchte. Angelina liebt Tiere. Es müsste ein unvergleichliches Erlebnis für die Kleine sein, mit einem Delfin schwimmen zu können.

Mit jeder Zeile werde ich neugieriger, mache es mir schließlich in einer Sitzecke gemütlich und schmökere weiter in den Büchern und Prospekten. Besonders interessieren mich die Erfahrungsberichte von Eltern und Therapeuten, und ich kann gar nicht aufhören, die Erfolgsgeschichten zu lesen. Die behinderten Kinder machen dank der Therapie riesengroße Fortschritte. Ein Mädchen lacht zum ersten Mal im Leben, als sie mit dem Delfin durch das Becken schwimmt. Ein Junge kann anschließend seine Arme bewegen, sich allein anziehen und viel besser sprechen, und ein anderes Kind kommt im Rollstuhl zur Therapie an und vermag bei der Abreise allein zu laufen!

Ich habe Tränen in den Augen und beginne, mit den Büchern auf dem Schoß zu träumen. Angelina sitzt jetzt seit ihrem sechsten Lebensjahr im Rollstuhl. Niemanden interessiert es, ob das so bleibt. Sie ist ja sowieso behindert. Was spielt es für eine Rolle, ob sie laufen kann oder nicht.

Aber mich interessiert es. Was wäre, wenn … Sie ist noch ein Kind und hat das ganze Leben noch vor sich. Es gibt offenbar ungewöhnliche Möglichkeiten der Verbesserung, an die ich noch gar nicht gedacht habe. Ich will nichts unversucht lassen. Angelina soll genau wie dieser Junge laufen können. Dafür will ich alles tun.

Später, als ich mich wieder etwas gefasst habe, lese ich weiter und erfahre noch viel mehr über diese mittlerweile so populäre Therapie.

Den immer freundlich aussehenden Tieren gelingt es offenbar spielend, unzugängliche Menschen erst zu beruhigen, später »zu öffnen« und aus ihrem Schneckenhaus zu holen. Die überwiegend kleinen Patienten lernen sich zu konzentrieren, Angst, Stress und Spannungen abzubauen. Ein Therapeut und ein Delfin arbeiten jeweils mit einem Kind. Die Kinder erleben, wie man spielerisch Kontakt zu den Tieren aufnimmt, indem man ihnen zum Beispiel Bälle zuwirft, die sie zurückbringen, und wenn das Vertrauensverhältnis etabliert ist, gehen alle zusammen schwimmen. Ein toller Hinweis: Die Therapie ist quasi das Einstiegsprogramm in weitere Therapien, angeblich machen die Patienten dann motiviert zu Hause weiter und haben tolle Erfolge.

Als ich die Bücher endlich aus der Hand lege, sehe ich mich schon mit Angelina und den Delfinen. »Das ist es«, hämmert es in meinem Kopf. Das wäre die ideale Therapie für meine Angelina und würde ihr bestimmt wunderbar helfen.

Die Ernüchterung kommt allerdings schnell, als ich lese, was es kostet. So viel Geld kann ich nicht aufbringen. Aber dann lese ich, dass viele Kinder nur teilnehmen können, weil die Eltern Spenden gesammelt haben. Und das kann ich auch!

Als ich nach Hause gehe, rufe ich zuerst Bernd an.

»Du, ich muss mit Angelina nach Florida, so schnell wie möglich!«, platzt es aus mir heraus. »Da wird sie laufen lernen, ganz bestimmt.«

Bernd versteht natürlich nicht, was los ist, und stoppt meinen Redefluss. »Du, ich komme morgen vorbei, und du erklärst mir alles«, schlägt er verständnisvoll vor. Aber ich habe keine Zeit, um zu warten, und erzähle ihm sofort, was ich mir für unsere Tochter vorstelle.

»Ich werde mich um Spenden kümmern!«, verspreche ich am Ende unseres Telefonats.

Bernd ist sofort bereit, das Projekt auch finanziell zu unterstützen. »Du kannst auf mich zählen«, sagt er, und ich bin richtig euphorisch. Ich werde für Angelina Berge versetzen und nichts unversucht lassen, damit man ihr hilft und sie sich mit diesen zutraulichen Tieren weiterentwickeln kann. Und wenn das nur in Florida geht, so what.

*

In den kommenden Monaten verbringe ich meine wenige Freizeit fast ausschließlich am PC. Als Erstes kümmere ich mich darum, dass Angelina eine eigene Homepage bekommt. Danach eröffne ich ein Spendenkonto für sie und rühre anschließend kräftig die Werbetrommel. Ich düse durch meine Heimatgemeinde und erzähle allen von Angelinas Schicksal. Ich fahre zu meinem ehemaligen Arbeitgeber, dem Friseur, zu

Bernds Firma, zu großen Autohäusern und Einkaufszentren. Ich gehe in die Redaktionen der Tages- und Werbezeitungen, besuche die Volkshochschule und den Schützenverein. Ich klappere auch Privatleute ab und bin dankbar für jeden Euro, den ich überwiesen bekomme. Ich baue einen Stand auf dem örtlichen Frühlingsfest auf, gewinne den Fußballverein für ein Benefizspiel und darf in meiner Hausbank ein Plakat aufhängen. Ich bin total gerührt. Niemand wimmelt mich ab, alle versprechen, Angelina zu unterstützen. Sogar wildfremde Menschen melden sich und bieten ihre Hilfe an.

*

»Ich bin Hermann und möchte etwas für Angelina tun …«

Es ist bereits zwanzig Uhr, als mir eine tiefe Männerstimme diesen Satz sagt, und ich frage aufmerksam nach, wie diese Unterstützung aussehen könnte.

Hermann erzählt mir, dass er zu einer Gruppe von Trikerfahrern gehöre, und bietet mir an, dass sie eine Spendenfahrt für Angelina organisieren.

Bis dahin habe ich keine Ahnung, was ein Trike genau ist. Jetzt erklärt mir Hermann, dass es sich um ein dreirädriges Motorrad handle, mit dem man nicht so schnell, dafür aber sehr entspannt fahren könne. Er schwärmt vom Fahrtwind und von Freiheit, und ich höre aufmerksam zu.

»Weißt du was, du kommst einfach mit. Dann machst du dir selbst ein Bild«, bietet er mir schließlich an.

Ich bin begeistert, und keine zwei Wochen später sitze ich auf dem Rücksitz seines buntbemalten Ungetüms und knattere mit diesem großherzigen Mann durch meine Heimatstadt Gelsenkirchen, auf dem Weg zu einem Trikertreffen.

Hermann ist riesengroß, muskulös und breitschultrig wie ein Preisboxer. Aber dabei sanft wie ein Lamm und freundlich und aufmerksam.

Es macht mir riesigen Spaß, als Sozius auf einem Trike zu fahren. Es hat etwas Gelöstes, Leichtes. Man kommt voran, ist aber nicht von einer Fahrerkabine umgeben, sondern wird vom Fahrtwind umweht. Dazu das Knattern der Maschine, der immer spezielle Geruch der wechselnden Umgebungen. Es ist herrlich!

Später darf ich vor großem Zuhörerkreis von Angelina erzählen und mein Spendenkonto nennen. Ich bin überwältigt. Allein an diesem Tag kommen mehrere Hundert Euro zusammen.

Aber es ist nicht nur das, was mich begeistert. Ich glaube, ich habe einen echten Freund gefunden. Hermann ist achtzehn Jahre älter als ich, geschieden und Frührentner. Nach einem Arbeitsunfall als Monteur lebt er zurückgezogen an einem See an der holländischen Grenze. Hermann ist einfühlsam, ehrlich und hat ein riesengroßes Herz. Er möchte Angelina sogar kennenlernen und hat keine Angst vor der Begegnung.

»Ach was, Mädchen«, meint er in seiner robust-direkten Art. »Die Kleine und ich, wir haben mit Sicherheit keine Probleme miteinander.«

Und so ist es auch. Die erste Begegnung ist gleich am Abend. Ich bitte Hermann, bei mir zu warten, bis Bernd Angelina nach Hause bringe. Als sie ihn sieht, wackelt sie mit den Händen und stößt unverständliche Laute aus. Ich weiß, dass es Freude ist. Hermann geht auf sie ein, macht ein paar Witzchen, die sie nicht versteht. Aber sie fühlt, dass es jemand gut mit ihr meint. Hermann behandelt Angelina wie ein ganz normales Mädchen, und das mag sie am allerliebsten. Als er ihr etwas vorliest, beginnt sie zu fiepen wie ein kleiner Hund und klammert sich an ihn. Er hat ihr Herz berührt.

Ich wünschte mir, dass es mehr solche Menschen wie Hermann gäbe, die offen und ohne Vorurteile auf Behinderte zugehen und sich nicht von ihren ungewöhnlichen Reaktionen abschrecken lassen, sondern sofort die Dinge sehen, die meistens erst auf den zweiten Blick zutage treten: die fröhliche, unbekümmerte und unbedarfte Seite, mit denen viele behinderte Menschen ihre Umwelt wahrnehmen. Davon können die gesunden ganz viel lernen. Hermann ist bereit, sich darauf einzulassen. Dafür bin ich ihm dankbar, und dafür mag ich ihn.

Als er sich abends von mir verabschiedet, fühle ich mich so wohl wie schon lange nicht mehr. Es gibt Menschen, auf die ich zählen kann. Hermann ist so einer.

»Schick mir eine Karte aus Florida«, sagt er zum Abschied und streckt mir die Hand entgegen.

»Glaubst du, dass ich es schaffe?«, frage ich ihn unverblümt.

Hermann nickt. »Du bist eine starke Frau. Ich habe keine Zweifel daran.«

*

Mein Engagement bei der Spendensuche lässt mir Flügel wachsen. Ich spüre, dass mir Menschen helfen wollen und Verständnis für mich und mein Kind haben. Das tut gut. Und ich komme aus meiner unfreiwilligen Isolation heraus. Ich merke erst jetzt, wie sehr mir das Zurückgezogensein zugesetzt hat. Ich bin immer gesellig gewesen. Nicht umsonst wollte ich Friseurin werden. Ich liebe den Kontakt zu anderen Menschen. In meiner Freizeit bin ich gern ausgegangen, habe viel mit

Freunden unternommen. All das war dank meiner Lebenssituation dann nicht mehr möglich.

Aber neuerdings komme ich wieder unter Leute, habe Termine, telefoniere viel – und bekam sogar Gelegenheit, so einen tollen Trikerausflug zu unternehmen. Es geht mir gut.

Umso mehr schockt mich in dieser Stimmung mein Kinderarzt, ein älterer Mediziner, den ich eigentlich immer als sehr liebevoll empfunden habe. Als ich ihm voller Freude davon berichte, was ich vorhätte, schüttelt er nur den Kopf.

»Davon halte ich nichts«, sagt er. »Es gibt keinerlei wissenschaftliche Beweise, dass diese teure Therapie etwas bringt. Ich halte das für rausgeworfenes Geld.«

Sätze wie Pfeile. Sie bohren sich direkt in mein Herz. »Ich will alles versuchen, was Hilfe verspricht«, erkläre ich mit fester Stimme. »Mit solchen Sätzen nehmen Sie mir als Mutter jede Hoffnung. Das ist traurig.«

Es ist mein letzter Besuch bei diesem Arzt. Ich habe kein Vertrauen mehr zu ihm und kann nicht begreifen, dass jemand so ganz ohne Einfühlung mit mir spricht.

Und er ist nicht der Einzige. Ausgerechnet aus der Familie kommen weitere abwertende Bemerkungen.

»Na, jetzt hast du dir ja einen tollen Trick ausgedacht, um in die Sonne zu kommen«, sagt mir eine entfernte Cousine am Telefon, und eine Nachbarin fragt, »ob es nicht auch die Ostsee tut«.

Ich bin frustriert, selbst jetzt noch auf Ablehnung zu stoßen. Aber es ermutigt mich auch, weiterzumachen und allen irgendwann meine Tochter zu zeigen: laufend, fröhlich, viel ansprechbarer als jetzt. Ich lasse mich nicht bremsen, sondern werde für Angelinas Gesundheit weiter beharrlich kämpfen und meinen Weg unbeirrt weitergehen.

Ich bekomme im Lauf der Zeit reichlich Spenden, aber dass Angelina nach zwei Jahren Engagement schließlich wirklich fliegen kann, verdanke ich ihrem Vater. Bernd zahlt mir meinen Anteil am Haus aus und deckt damit den Löwenanteil ab. Zusammen mit den Spenden reicht es, dass ich im Herbst 2004 die Flüge und die Therapie für uns buchen kann.

Zum Glück muss ich nicht allein mit Angelina los, sondern wir fliegen zu dritt. Denn während der Spendenaktion hat mich eine junge Frau angerufen, die Angelina und mich begleiten und darüber eine Examensarbeit im Rahmen einer heilpädagogischen Berufsausbildung schreiben möchte. Ich sage gern zu. Ihre Begleitung hilft mir sehr.

Denn die Reise an sich ist eine Tortur. Angelina versteht nicht wirklich, was mit ihr passiert. Den ganzen Flug über ist sie gereizt, und ich muss ständig aufstehen und sie beruhigen und versorgen. Wir sind mehr als dreizehn Stunden unterwegs, und sie muss ja regelmäßig gewickelt werden und ihr Essen bekommen. In einer fremden Umgebung kann es passieren, dass sie das Essen ausspuckt oder die Teller wegstößt. Man muss ruhig und entspannt mit ihr umgehen und vor allen Dingen schnell reagieren. Zum Glück fängt die Praktikantin viel ab. Ich bin unendlich froh, dass sie dabei ist.

Die vier Wochen in Florida sind für uns alle ein Traum. Angelina liebt die Tiere, und die Tiere lieben sie. Dazu betreuen sie wunderbare Therapeuten, die liebevoll mit ihr arbeiten. Sie hat morgens in einer kleinen Gruppe von vier bis sechs Kindern Gymnastik, spielt auf dem Sitzball, übt Greifen und Bearbeiten und wird darin immer besser. Sie bekommt Bildkarten, Bälle, Spielzeug. Man massiert ihre Gelenke, macht Bewegungs- und Verständnisübungen. Ich kann beobachten, dass sich Blockaden lösen und die Freude am Mitmachen von

Tag zu Tag zunimmt. Die Erfolge geben ihr Auftrieb – und natürlich die Aussicht, wieder ins Wasser zu ihrem Therapie-Delfin Timmy zu kommen.

Sie tollt täglich kichernd und vergnügt im warmen Wasser. Die durch den Kontakt mit dem Delfin hervorgerufenen Gefühle wie Zuneigung, Harmonie und Freude versetzen sie in eine Art »Flow«. Angelina fokussiert alle Sinne auf das, was sie tut, und hat dementsprechend auch Erfolge zu verzeichnen. Ihre Verkrampfungen lösen sich deutlich. Sie kann plötzlich die Hände bewegen, und als sie morgens ihren Therapie-Delfin sogar mit »Hallo, Timmy« begrüßt, laufen mir die Tränen über die Wangen. Sie genießt sichtlich den herrlichen Aufenthalt und blüht richtig auf. Ich glaube, sie mag einfach auch die Abwechslung. Jeder Tag ist neu und spannend. Das spornt sie an, alle Angebote mitzumachen und sich auf das zu konzentrieren, was gerade passiert.

»Angelina ist völlig angstfrei, bewegt sich im Wasser natürlich und jeden Tag sicherer. Sie reagiert auf Ansprache und wird immer aktiver«, lautet das Feedback Tims, des Trainers, eines jungen Franzosen, der Angelina die ganze Zeit über betreut. Was kann ich mir mehr wünschen!

Als wir nach vier prall gefüllten Wochen und unzähligen Erlebnissen zurückfliegen, habe ich ein völlig verändertes Kind. Angelina ist gelehrig, hört zu, reagiert. Aber es ist noch mehr: Sie hat neuen Lebenswillen, nimmt an ihrem Umfeld teil, wirkt ansprechbar und greift auf dem Rückflug sogar nach einem Löffel, um ihren Joghurt allein zu essen.

Jemand mit einem gesunden Kind kann vermutlich nicht verstehen, was so etwas für mich bedeutet. Es ist ein Meilenstein in ihrem Leben. Angelina konnte bis zu dieser Reise nichts, nicht greifen, nichts halten. Und sie lebte in ihrer eigenen Welt. Was um sie herum passierte, hat sie kaum registriert. Wenn sie lachte oder gar juchzte, wusste man selten, warum. Ihre Fröhlichkeit hatte meist keinen Bezug zur Umwelt. Jetzt wirkt sie wach, beobachtet interessiert die Dinge um sie herum. Wenn so ein Kind im Flugzeug nach einem Löffel greift, den die Stewardess ihm hinhält, dann ist das für seine Mutter wie ein Sechser im Lotto. Ein Hauptgewinn. Die Belohnung für durchwachte Nächte, für Endlos-Stress und alle körperlichen Strapazen. Der Ausgleich für Ausgrenzung, erlittene Demütigungen und erlebten Hass.

Mein Kind ist glücklich, und damit bin ich es auch. So einfach ist das. Und ich bin unendlich dankbar, dass wir diese Reise machen konnten.

Ich bringe Angelina noch dreimal zu den Delfinen, allerdings fliegen wir die nächsten Male nach Curaçao. Das Therapiezentrum dort ist deutschsprachig, das gefällt mir noch besser, außerdem bekommen wir für das gleiche Geld mehr Unterrichtsstunden.

Ich trage bei diesen Reisen sogar meine Orthese, denn ich habe akzeptiert, dass ich anders überhaupt keine Chance habe, mein Kind zu versorgen. Doch das Ungetüm handicapt mich enorm, denn während der langen Flüge fällt es mir sehr schwer, mich um meine Tochter zu kümmern. Auch vor Ort fühle ich mich zunehmend behindert. Es ist heiß, die Orthese schwer. Es ist eine Qual. Aber ich nehme all das in Kauf, weil ich an die Therapie glaube.

Und das für mich längst nicht mehr Unerwartete geschieht: Als wir nach dem insgesamt vierten Trip im Jahr 2007 nach Hause fliegen, geht Angelina an meinem Arm ins Flugzeug. Ich kann gar nicht ausdrücken, was ich fühle, welche Freude da in mir aufkommt. Sie steigt aus dem Flughafenbus und kann auf ihren eigenen Beinen stehen. Wenn man Glück spüren kann, dann hat es mich in diesem Moment durchströmt. So viele Jahre habe ich dafür gekämpft!

»Warum gibst du Angelina nicht einfach in ein Heim. Da ist sie bestens versorgt«, hat mich eine Freundin einmal gefragt. »Es ist doch nicht richtig, dass du dich und deine Familie opferst, nur damit es Angelina gut geht. Du hast doch auch Verantwortung für dich und die anderen.«

»Das stimmt«, antwortete ich damals. »Aber Angelina hat nur mich. Niemand wird sich um sie kümmern, wenn ich es nicht tue. In den Einrichtungen hat man nicht genug Zeit, und es fehlt auch an Engagement. Man versorgt sie sicherlich bestens, aber man fördert sie nicht, so gut es geht. Das kann nur eine Mutter.«

Ich weiß, dass meine Freundin mir nur bedingt recht geben konnte. Ein behindertes Kind, das nur wenige und für Außenstehende kaum sichtbare Fortschritte macht, hat keine Lobby. Es hat nur die Mutter. Und die muss da sein.

Ich bin es und habe geschafft, wofür sich niemand bislang eingesetzt hat: Angelina läuft. Dieser riesengroße Erfolg macht mich stark und zuversichtlich.

Und nicht nur körperlich macht sie massive Fortschritte. Angelina kann mittlerweile einzelne Wörter sagen und allein essen. Im Flugzeug bestellt sie sich dieses Mal sogar bei der Stewardess ein »Essen« und ein »Wasser«, und als sie auch noch nach einem »Saft« fragt, wächst mir die Emotion über den Kopf.

Während Angelina sich über ihre Getränke freut, die sie eigenständig trinken kann, schluchze ich vor lauter Glück hemmungslos vor mich hin.

Die Stewardess hat offenbar Erfahrung damit auf dieser

Strecke, kennt wohl die vielen von Glück überwältigten Passagiere. Sie nimmt meine Hand, drückt sie fest und sagt leise: »Sie müssen eine wunderbare Mutter sein, wenn Sie Ihrer Tochter so etwas ermöglichen. Seien Sie stolz auf sich.«

Worte wie Streicheleinheiten, und ich kann gar nicht sagen, wie glücklich ich bin. Ich habe mein Ziel erreicht: Angelina braucht den Rollstuhl, das verdammte Biest, nicht mehr. Alle Mühe hat sich gelohnt.

Kapitel 4

»Autsch!« Mein Arm schmerzt so sehr, dass ich nichts mehr halten kann und die Tasse sofort auf der Spüle abstelle. Es ist Montag früh, und ich bin dabei, den Tisch zu decken. Angelina knabbert an ihrem Brötchen. Sie wird in dreißig Minuten abgeholt. Auf dem Herd kocht die Milch für ihren Kakao. Mein Kaffee läuft dampfend aus der Maschine. Jeder Handgriff sitzt, alles ist genau durchgetaktet. So geht es Tag für Tag, und immer klappt alles wunderbar. Nur heute kommt dieses schmerzhafte Ziehen dazwischen.

»Was ist denn jetzt bloß wieder los?«, zische ich ungeduldig und beruhige mich im selben Moment selbst: »Bestimmt habe ich gestern zu schwer gehoben!«

Aber ich weiß, dass ich mich selbst belüge. Denn das Ziehen bleibt, und ich kann das Gefühl überhaupt nicht einordnen. Vorsichtig setze ich mich auf den Stuhl. Angelina bemerkt sofort, dass etwas anders ist. Sie sieht mich erst skeptisch an und wird dann sofort hibbelig.

»Mama?«, ruft sie, erst leise, aber dann immer lauter. »Mama? Mama?« Ich ahne genau, was gleich kommt: Sie wird herzzerreißend schreien.

Verdammt, jetzt wird mir auch noch übel.

»Mama?«, ruft Angelina wieder.

Nun dreht sich alles. Zum Glück sitze ich schon. Hoffentlich wird mir nicht schwarz vor Augen.

»Mama?«

Jetzt weiß ich, was es ist. Ich habe genau die Symptome wie damals im Flugzeug. Mein Gott, ich brauche Hilfe, und zwar sofort.

Ich schnappe mir das Handy, wähle die 110 und dann die Nummer einer Freundin, die eine Etage über mir lebt. Sie hat eine Tochter in Angelinas Alter, und wir unternehmen häufig etwas zusammen. Da sie nicht berufstätig ist, kann sie sich schnell um meine Kleine kümmern, bis Bernd da ist.

Den rufe ich als Nächstes an, und ich merke, dass meine Stimme immer undeutlicher klingt. Ich mache es kurz, sagte nur noch »Komm bitte«.

»Mama? Mama!«

Angelina ruft jetzt schon sehr laut und sehr fordernd nach mir und zappelt unruhig auf ihrem Stuhl herum. Ich kann ihr nicht helfen. Es geht mir furchtbar schlecht.

Es ist mein Glück, dass meine Freundin sofort und die Sanitäter keine fünf Minuten später in der Wohnung stehen. Man bringt mich in Windeseile in die Klinik. Die Fahrt bekomme ich schon nicht mehr mit. Ich erinnere mich nur noch an die freundlichen Augen des Notarztes, dann spüre ich, dass mein Kopf zur Seite fällt.

Als ich in der Klinik wieder zu mir komme, liege ich im Krankenbett, und der Stationsarzt bestätigt meinen Verdacht.

»Es war ein Schlaganfall!«, meint er und blickt ernst.

Im Gegensatz zum letzten Mal bin ich dieses Mal vorbereitet und höre relativ gelassen zu. Ich habe ja »Erfahrung«.

»Schon der zweite«, sagt er mit Blick auf meine Krankenakte. »Fünf Jahre nach dem ersten.«

Ich nicke. »Werde ich wieder ganz gesund?«, frage ich ängstlich und habe auch dieses Mal wieder Mühe, einen halbwegs verständlichen Satz herauszupressen.

»Wir tun unser Bestes«, weicht der Arzt mir aus.

In den folgenden Tests kommt heraus, dass auch jetzt mein Gesichtsfeld eingeschränkt und meine Motorik stark limitiert ist. Ich habe Mühe, etwas zu halten oder Knöpfe zu schließen. Es ist, als hätte jemand die Reset-Taste gedrückt.

Und ich hätte auch wieder ein riesengroßes Glück gehabt, zumindest behauptet das der Arzt. Die Hilfe sei gerade noch rechtzeitig gekommen. Ich habe perfekt reagiert.

»Wenn Sie fleißig mitmachen, können Sie in zwei, drei Wochen nach Hause«, stellt er mir in Aussicht.

Und wie ich mitmache! Ich lasse keine Therapie aus und übe abends in meinem Klinikzimmer weiter. Ich habe es einmal geschafft und werde es wieder schaffen. Die Erfolge machen mir Mut. Ich bin ja längst ein »alter Hase«, was dieses Thema betrifft.

Schon nach zwei Wochen darf ich tatsächlich nach Hause. Eigentlich soll sich wieder eine Reha anschließen, aber einmal mehr lehne ich das ab. Ich muss zu Angelina.

Bernd hat sich zwar kurzfristig Sonderurlaub genommen, doch er darf kein Risiko in der Firma eingehen. Wir leben alle von seinem Einkommen. Also bekomme ich wieder eine Liste mit ambulanten Therapiemöglichkeiten und kann mich von zu Hause aus weiter darum kümmern, dass möglichst keine Folgeschäden zurückbleiben. Die Ärzte verstehen, dass Angelina mich braucht.

Insgesamt bin ich trotz des Rückschlags richtig zuversichtlich und übe fleißig.

Und wirklich, ich packe es auch dieses Mal. An die Orthese habe ich mich so gut gewöhnt, dass ich damit fast normal laufen kann. Und da Angelina nicht mehr im Rollstuhl sitzt, schaffe ich auch ihre Versorgung problemlos.

Mein Leben – ich habe mich damit arrangiert. Ich ahne nicht, dass alles dann ganz anders kommt und mich eine Endlosserie von Schicksalsschlägen endgültig in die Knie zwingen wird, und das innerhalb von nur zwei Jahren.

Es geht wirklich Schlag auf Schlag, und ich habe zwischen den einzelnen Ereignissen kaum noch Zeit zum Luftholen.

Alles beginnt mit Schmerzen in den Beinen. Der Orthopäde diagnostiziert einen Bandscheibenvorfall, ausgelöst durch meine Hüft- und Fußfehlstellung, Folgen des ersten Schlaganfalls. Ich muss operiert werden, darf danach endgültig nichts mehr tragen. Prima! Wie soll das gehen, wenn man ein pflegebedürftiges Kind hat?

Den Arzt interessiert das nicht. Er rät mir, Hilfe zu suchen. Ich stelle einen Antrag auf Pflegeunterstützung, aber in der Zeit bremst mich bereits mein Fuß aus. Ich kann plötzlich auch mit der Orthese kaum noch laufen. Die Fehlstellung hat sich verschlimmert. Niemand weiß, warum. Der Spitzfuß muss nach Ansicht der Ärzte operiert werden. Ansonsten sind weitere Bandscheibenvorfälle unvermeidlich. Ein verhängnisvoller Kreislauf.

Doch die Fuß-OP misslingt. Ich bekomme nach dem Eingriff starke, messerstichartige Schmerzen und schlimme Schwellungen und kann nur noch mühsam an Krücken humpeln. Die Ärzte sind ratlos, schicken mich im ganzen Bundesgebiet zu Spezialisten.

Helfen kann mir niemand. Vier Mal wird mein Fuß noch operiert. Doch die Schmerzen werden trotzdem immer schlimmer. Schließlich wird ein Jahr nach dem Eingriff ein Morbus Sudeck diagnostiziert, ein regional auftretendes Schmerzsyndrom, vermutlich ausgelöst durch Gewebeverletzungen bei der ersten OP.

Ich habe zwischenzeitlich ständig so schlimme Schmerzen, dass ich sie nur mit Morphium ertragen kann. Jede Berührung am Fuß ist unerträglich. Ich kann nicht einmal den Druck einer Bettdecke ertragen. An Auftreten ist längst nicht mehr zu denken, und so kann ich mich nur noch im Rollstuhl fortbewegen.

Aber ich gebe nicht auf, besuche weiter ein halbes Dutzend Spezialisten und hoffe auf Heilung. Doch meine Klinik-Odyssee endet im Sommer 2009 in der Berliner Charité, mit deutlichen Worten des Arztes.

»Frau Emming, wir können Ihnen leider nicht mehr helfen. Sie müssen akzeptieren, dass sie auch weiterhin auf den Rollstuhl angewiesen sind.«

Ich schlucke, ringe nach Worten.

»Aber meinen Sie jetzt für immer?«, frage ich zögerlich und spüre, dass mir Tränen über das Gesicht laufen.

Der Arzt nickt, streicht mir tröstend über die Schulter.

»Ich wünschte, ich könnte Ihnen eine bessere Nachricht mitteilen. Aber wir haben alles versucht, was in unserer Macht steht. Es tut mir wirklich leid. Sie sind austherapiert!«

Ich sitze mit gesenktem Kopf vor ihm und sehe, dass mir die Tränen auf die Beine tropfen. In meinem Kopf laufen bestimmte Szenen ab. Ich weiß durch Angelina genau, was mich erwartet. Aber die ständigen Schmerzen haben mich zermürbt. Ich bin zu müde, um weiterzukämpfen, und resigniere.

Ich stelle mich auf ein Leben im Rollstuhl ein.

Vom verbliebenen Geld baue ich die Wohnung nach Rücksprache mit dem Vermieter behindertengerecht aus und versuche, mein Schicksal anzunehmen.

Aber es geht mir schlecht. Ich verliere von Woche zu Woche meinen Lebensmut mehr. Am meisten trifft es mich, dass ich jetzt nichts mehr mit meinem Kind unternehmen kann.

Vor der OP war ich mit Angelina auf Spielplätzen und in Tierparks, beim Reiten und in Kinos.

Jetzt geht all das nicht mehr. Das Einzige, was uns beiden noch an Abwechslung bleibt, sind Ausfahrten mit dem Auto. Angelina liebt es, spazieren zu fahren. Mehr kann ich ihr nicht mehr bieten.

Damit das möglichst komfortabel für uns ist, investiere ich in einen Wagen. Kein Schnäppchen, aber vermutlich der einzige Luxus, den ich mir noch gönnen kann.

*

»Was ist das denn jetzt?«, zische ich und spüre, dass mir das Blut in den Kopf steigt. Warum lässt sich das Lenkrad nicht bewegen? Ich habe gerade Angelina zu Bernd gebracht und bin auf dem Rückweg nach Hause. Im Kofferraum liegt mein Rollstuhl. Für den Abend bin ich zum ersten Mal seit Langem mit Freunden verabredet. Einfach mal rauskommen, etwas unternehmen. Ich freue mich sehr darauf.

Mit hundertvierzig Stundenkilometern düse ich zügig auf der Überholspur der Schnellstraße. Es ist Donnerstagnachmittag, und um diese Zeit sind nur wenige Autos unterwegs. Gerade habe ich einen Kleinwagen überholt. Am Steuer saß eine junge Frau. Jetzt will ich wieder rechts einscheren und merke, dass das Lenkradschloss eingerastet ist. Verdammt! Es lässt sich keinen Zentimeter mehr bewegen. Mein Atem stockt. Ich ruckle am Steuer, aber der Wagen schießt unbeirrt weiter geradeaus. Panisch trete ich auf die Bremse und verliere damit endgültig die Kontrolle.

Mein Herz rast wie verrückt. Das ist das Ende. Nein, bitte nicht.

Bremsen quietschen. Metall knirscht. Glas zerbirst. Hilfe. Angelina, Julian – ich liebe euch so!

Es scheppert ohrenbetäubend. Ich sehe die Leitplanke. Gras. Baumkronen. Meine Beine schmerzen.

Aus!

*

»Bernd? Wie geht es den Kindern?«, presse ich mühsam heraus. Jedes Wort fällt mir schwer.

Bernd sitzt kreidebleich an meinem Krankenbett. Julian steht zitternd neben ihm. Der Junge weint so herzzerreißend, dass ich nach seiner Hand greifen möchte, aber mir fehlt die Kraft, meinen Arm zu heben.

»Es geht mir gut!«, schluchzt Julian, und dann spüre ich seine warme Hand auf meinem Arm. »Uns geht es gut, Mama. Du musst jetzt an dich denken!«

»Ich hatte einen Unfall«, murmle ich leise.

»Ich weiß. Und sogar einen schweren!«, flüstert Bernd. »Du hast dich fünfmal überschlagen, warst zwei Tage ohne Bewusstsein. Es ist ein großes Glück, dass du noch lebst. Du kannst dich bei Isabel Bergmann bedanken. Sie ist Krankenschwester und dein Glücksengel.«

»Wieso? Wer ist denn diese Frau?«

»Das ist die junge Frau, die du überholt hast. Danach bist du einfach geradeaus in die Leitplanke gerast und durch die Luft gewirbelt und auf dem Acker aufgeschlagen. Sie hat sofort den Notarzt verständigt und ist dann zu dir gelaufen, hat dich aus dem Wrack gezerrt und dich reanimiert. Du warst – ich sage es nicht gern –, aber du warst schon tot …«

»Ich war schon tot?«, wiederhole ich und bin geschockt.

»Ja, es ist so. Der Arzt hat mir das bestätigt. Dem schnellen Einsatz dieser Frau verdankst du, dass wir beide hier noch miteinander sprechen können.«

Ich höre ihm gebannt zu, und langsam kommt die Erinnerung zurück.

Und plötzlich bin ich wieder da, mitten in der schrecklichen Situation. Mein Herz rast wie verrückt. Genau wie gestern, vorgestern, ach was, ich weiß nicht, wann es war.

»Was ist los gewesen? Bist du eingeschlafen?«, will Bernd wissen.

»Der Wagen, Bernd. Der Wagen ist defekt.«

Ich atme schwer.

»Bernd, das Lenkrad ging nicht. Glaub mir, es war furchtbar. Ich war so verzweifelt. Ich dachte, ich müsse sterben. Es ist wirklich ein Riesenglück, dass ich noch lebe.«

Ich sehe wieder die Leitplanke vor mir, auf die ich zugerast bin. Das Glas. Knirschendes Blech. Mir wird kalt. Ich zittere.

»Schwester, bitte kommen Sie schnell«, höre ich Bernds Stimme.

»Mama, ganz ruhig, wir sind alle da«, tröstet mich Julian.

»Frau Emming. Ich gebe Ihnen etwas.« Die Schwester steht neben dem Bett und zieht eine Spritze auf.

»Schwester, mir wird so übel«, jammere ich und weine wie ein Kind. Die Angst, der Schmerz, alles ist plötzlich wieder so lebendig. So, als säße ich immer noch in meinem Auto.

Mein Auto, das ist – oder besser, das war – ein praktischer Kombi, den ich erst kurz zuvor gekauft habe. Ein tolles Auto, gerade sechs Monate alt, aber offenbar habe ich eine Mogelpackung erwischt. Denn der Wagen war nicht verkehrstüchtig und hätte mich fast das Leben gekostet.

»Du musst das der Polizei melden. Das Auto muss untersucht werden«, sage ich, und Bernd ist sichtlich geschockt über meine Worte.

»Das ist ja furchtbar. War das denn ein seriöser Händler mit Markenvertretung?«, will Bernd wissen.

»Das nicht, aber ein ganz normal wirkendes Autohaus. Zumindest habe ich das geglaubt.«

Ich schüttle fassungslos den Kopf.

»Wie kann man denn so skrupellos sein und andere Menschen in Lebensgefahr bringen, nur um den Gewinn zu steigern?«, empöre ich mich.

»Frau Emming, Sie haben wirklich großes Glück gehabt!«

Dr. Huber, der Oberarzt, steht jetzt an meinem Bett. Er ist ein kleiner, fast schon filigraner Mann mit immer fröhlich blinzelnden Augen. Er trägt einen altmodischen Haarkranz und sieht garantiert zehn Jahre älter aus, als er ist.

Er hat mich schon beim letzten Mal behandelt, und ich freue mich, ihn wiederzusehen. Ich mag ihn.

»Sie werden es schaffen. Zum Glück haben Sie keine inneren Verletzungen. Nur Schürfwunden und zwei gebrochene Rippen und einen gebrochenen Finger.«

»Aber meine Beine schmerzen so«, sage ich leise.

»Beide Beine sind im Autowrack eingeklemmt gewesen. Die Feuerwehr hat Sie herausschneiden müssen. Mit dem Hubschrauber sind Sie dann zu uns gekommen.«

Er sieht mich ernst an. »Ich sagte Ihnen ja: Sie haben großes Glück gehabt.«

Er sieht mich an, streichelt mir über den Arm.

»Liebe Frau Emming, trauern Sie nicht dem Auto nach. Freuen Sie sich lieber, dass Sie bald wieder gesund sein werden.«

»Gesund ist relativ. Ich kann ja nicht laufen!«, werfe ich ein. »Hat denn mein kranker Fuß noch mehr abbekommen?«

»Es sieht nicht so aus«, gibt Dr. Huber Entwarnung. »Der Aufprall und das Eingeklemmtsein sind ohne weitere gravierende Folgen geblieben.«

Ich lächle zufrieden, trotz meiner Tränen.

Als Dr. Huber geht, bin ich starr vor Schreck. Wieso dreht man mir einen defekten Wagen an? So viel Pech kann man doch gar nicht haben. Wann ist denn endlich mal Schluss mit all den Nackenschlägen, die ich einstecken muss. Es ist längst viel zu viel für ein einziges Leben.

Ich bleibe insgesamt drei Wochen in der Klinik. Um Angelina kümmert sich mal wieder Bernd. Ich bin so unendlich froh, diesen Mann an meiner Seite zu haben. Wir leben zwar nicht mehr zusammen und sind auch kein Liebespaar mehr, aber wir können uns aufeinander verlassen und funktionieren als Eltern. Es ist ein großartiges Gefühl, nicht allein zu sein und Hilfe zu bekommen, wenn sie nötig ist.

*

Das Licht ist gleißend hell, der Himmel knallblau und die Temperatur tropisch. Ich stehe mit den Füßen im warmen Karibikwasser und sehe auf das grünlich schimmernde Meer. Der warme Seewind streichelt meine Haut, das sanfte Rauschen der Wellen vertreibt all meine trüben Gedanken.

Ich bin zum fünften Mal bei einer Delfin-Therapie, wieder auf Curaçao. Ich hatte noch etwas Geld im Spendentopf, und die Differenz hat Bernd dazugelegt.

Es ist eine Absurdität des Schicksals. Angelina hat dank der vier vorherigen Therapien so große Fortschritte gemacht, dass sie ohne Rollstuhl ins Flugzeug steigen konnte. Dafür bin ich jetzt auf den Rollstuhl angewiesen und musste mich von einem Assistenten der Airline bis ans Gate schieben lassen. Verdrehte Welt!

Trotz meiner eigenen gesundheitlichen Beschwerden und meiner wohl dauerhaften Behinderung möchte ich Angelina diese Therapie noch einmal ermöglichen, nicht zuletzt, um damit das Erreichte zu festigen.

Aber es ist auch der Abschluss, denn mehr als bisher ist nicht möglich. Auch Angelina ist austherapiert.

»Mehr als das jetzt kann man nicht erreichen«, sagt mir Bert, ihr holländischer Therapeut. Er sieht aus wie ein Bilderbuchsurfer, braun gebrannt, mit lässig zu einem Zopf gebundenen, von der Sonne und dem Salzwasser ausgebleichten Haaren. Wir sitzen nebeneinander auf zwei Korbsesseln im Schatten einer Palme. Ich habe den Rollstuhl an die Seite gestellt und fläze mich in meinem Sitz. Ich mag es manchmal, mir Normalität vorzugaukeln. Das macht mich heiter und beschwingt.

Es ist das erste Mal, dass wir so zwanglos zusammensitzen. Wir nippen an unseren Gläsern mit Zitronenwasser und plaudern locker und entspannt über die Therapieergebnisse. Unter unseren Füßen knirscht der weiße Karibiksand. Vom nahe gelegenen Gehweg aus winkt mir Angelina zu. Sie wird von zwei Helferinnen zu ihrer letzten Gruppentherapie gebracht.

»Das Sprachzentrum ist durch die Epilepsie nachhaltig gestört«, erzählt Bert weiter. »Sie versteht ganz grob, was man ihr sagt, aber mehr geht nicht, wird auch in Zukunft nicht gehen.«

»Sie nimmt doch am Leben teil, ist ansprechbar, mehr darf ich also nicht erwarten?«, frage ich noch einmal nach und weiß eigentlich schon, dass er recht hat. Verglichen mit den Aussagen der deutschen Ärzte ist sie sowieso schon viel weiter als jemals erwartet.

In drei Tagen geht unser Rückflug. Wir werden nicht noch einmal herkommen.

Etwas wehmütig schaue ich im Becken den Delfinen zu, die in dem kristallgrünen Karibikwasser ihre fröhlichen Kreise ziehen.

Ich habe etwas Zeit für mich, zum Durchatmen, Genießen, einfach nur da sein in dieser herrlichen Natur – und für ein entspanntes Gespräch mit Bert.

»Warte mal, wir machen etwas zusammen«, meint er plötzlich zu mir. Ich lache und versuche sofort, ihn zu bremsen.

»Du, ich bin nur die Begleitperson!«

»Das ist egal. Ich habe Zeit. Ich möchte sehen, was wir bei dir machen können. Erzähle doch mal, warum du plötzlich im Rollstuhl sitzt?«

Ich erzähle die ganze Geschichte. Bert hört aufmerksam zu, nickt zwischendurch immer wieder bestätigend.

»Komm, wir versuchen mal was!« Er streckt mir die Hand entgegen. Ich zögere nur kurz. Dann lächle ich Bert dankbar an und greife zu. Er hilft mir in den Rollstuhl und schiebt mich zur Plattform, von der aus man ins Wasser gleiten kann.

Laut der Ärzte in Deutschland bin ich ja austherapiert. Gut, das hat man mir bei Angelina auch gesagt. Warum bin ich also nicht selbst auf die Idee gekommen, auch hier versuchsweise am Schicksal zu drehen? Ich weiß es nicht. Ach was, ich weiß es genau. In meinem Kopf dreht sich alles immer nur um meine Kinder. Es klingt absurd, aber ich habe nie daran gedacht, mich selbst einmal hier therapieren zu lassen.

Jetzt tippt Bert Daten in seinen Laptop ein, wartet auf die Auswertung. Wenige Minuten später gleite ich neben ihm ins Meer. Ich halte mich am Geländer fest, das Wasser ist hier flach, und Bert steht mir gegenüber und massiert meinen Fuß, dreht das Gelenk sanft hin und her, drückt und zieht. Das warme Wasser umspült mich wohlig. Ich verspüre weniger Schmerzen als zuvor. Es tut mir gut.

Später schwimmen wir gemeinsam hinaus, und Bert gibt mir dabei Kommandos, wie ich den Fuß bewegen solle. Ich bin eine erfahrene Schwimmerin, fühle mich sicher und gut bei ihm aufgehoben.

»Weißt du …«, meint er später, während wir uns zeitgleich am Beckenrand hochziehen und an den Rand der Plattform setzen, »… ich glaube, in deinem Fuß ist noch Leben. Da ist etwas zu machen. Lass es uns morgen noch einmal versuchen.«

Mein Herz pocht plötzlich. Gibt es wirklich noch Hoffnung?

»Was meinst du? Kann ich eines Tages doch wieder laufen?«

»Ich weiß noch nicht genug«, weicht Bert meiner direkten Frage aus. »Aber so viel schon mal: Ich halte es nicht für ausgeschlossen. Wie lange bist du denn noch hier?«, will er wissen.

»Noch drei Tage!«

»Dann sehen wir uns jeden Tag. Ich hoffe, dass ich dir später Genaueres sagen kann.«

Die wenigen Stunden mit Bert bauen mich auf und machen mir Mut. Ich liebe es, in diesem badewannenwarmen Meer zu schwimmen. Aber ich liebe noch mehr die Vorstellung, eines Tages wieder laufen zu können. Ich glaube, es ist meine aufgepumpte Seele, die hier eine ganz entscheidende Rolle spielt.

Am Tag unseres Abflugs verabschiede ich mich voller Dankbarkeit von ihm, nehme ihn lange in den Arm, und auch er hält mich richtig fest.

»Gib nicht auf!«, flüstert er mir ins Ohr. »Wer aufgibt, hat bereits verloren!«

Der Satz trifft mich wie ein Pfeil. Er hat ja so recht. Ich muss kämpfen, um jeden noch so klitzekleinen Fortschritt.

Aber da ist auch Angelina, die mich braucht. Und für zwei, nein, ich weiß es, für zwei wird meine Kraft nicht reichen.

*

Der Prozess um meinen Autounfall ist ein Schock. Unfassbare Details kommen darin ans Licht. Der Autohändler hat das Auto von einem Privatmann als Totalschaden angekauft, dann nach Polen bringen und reparieren lassen. Zurück in Deutschland ist das Fahrzeug als Jahreswagen wieder weiterverkauft worden. Mir hat der Händler erzählt, dass ein Rentner den Wagen gefahren habe, die Kinder es nach seinem Tod nicht hätten behalten wollen. Die Untersuchungen der Polizei ergaben jedoch, dass der Wagen in Polen ganz neu zusammengebaut worden ist. Man hat dort aus mehreren Unfallfahrzeugen ein Auto zusammengeschustert.

Der Händler hätte prüfen müssen, was passiert ist. Ich als Laie konnte das nicht erkennen. Das Ergebnis ist klar. Das Gericht spricht mir siebentausend Euro Schmerzensgeld und die Erstattung des Kaufpreises zu. Aber happy bin ich deshalb nur kurz. Denn die Firma ist bei der Urteilsverkündung schon pleite, und mit Geld kann ich nicht rechnen: Ich stehe an 17. Stelle der Gläubiger.

Ich sitze geschwächt im Rollstuhl, mit einem weiterhin furchtbar schmerzenden Fuß, habe einen aufreibenden Prozess gewonnen und bin ansonsten in jeder Hinsicht die Verliererin.

Weder habe ich ein Auto noch Geld, um mir ein neues kaufen zu können. Dazu quälen mich nachts Albträume von dem Unfall. Ich höre es überall und ständig knallen und weiß nicht, wann ich überhaupt jemals wieder die Kraft haben werde, in ein Auto zu steigen. Jetzt kann ich nicht mal mehr mit meiner Tochter spazieren fahren, sondern bin richtiggehend ans Haus gefesselt. Julian lebt deshalb auch schon seit Längerem wieder bei seinem Vater.

Gut, Angelina ist tagsüber in der Schule und damit wenigstens stundenweise mit Freunden zusammen. Aber wenn sie nach Hause kommt, passiert nichts mehr, wir machen nicht einmal mehr eine Spritztour.

Unser Leben ist traurig und für mich richtig hoffnungslos. Ich spüre, wie die dunkle Kralle der Depression nach mir greift. Ich kann meinem Kind nichts mehr bieten und habe auch selbst nichts mehr zu erwarten. Eigentlich möchte ich aufgeben, einschlafen, nie mehr zurückkommen in dieses Leben, das mich so bitter enttäuscht.

Ich habe immer weniger Energie, empfinde, vollgepumpt mit Morphium, kaum noch Lebensfreude und warte im Grunde nur noch auf irgendeine Art von Erlösung.

Ja, Angelina braucht mich. Aber so kann ich ihr nicht mehr viel geben. Eine Mutter, schwer vom Leben gezeichnet und ohne Hoffnung. Sie hat etwas Besseres verdient.

Kapitel 5

»Hör doch auf, lass das, bitte, Angelina!«

Ich presse meine Hände vor das Gesicht und versuche, mit den Armen meinen Kopf zu schützen. Angelina steht vor mir und drischt wie verrückt auf mich ein. Ich spüre ihre Schläge an meiner Brust, dem Hals, meinem Kopf.

Verzweifelt versuche ich, ihr zu entkommen. Aber ich habe keine Chance, mich vor ihr in Sicherheit zu bringen. Im Gegenteil. Ich bin ihr ausgeliefert. Völlig rasend reißt sie an den Griffen meines Rollstuhls und stößt mich in den Wohnungsflur.

Ich sehe die Augen meiner Tochter. Sie funkeln böse, unkontrolliert. An den Haaren reißt sie mich dann auf den Boden und tritt wie von Sinnen auf mich ein. Ich weiß nicht, was sie als Nächstes machen wird. Zusammengekauert suche ich hinter einer Holztruhe Schutz und wimmere nur: »Hör bitte auf! Bitte! Bitte!«

Aber Angelina ist nicht mehr zu bremsen. Sie stößt unverständliche Laute aus und verpasst mir jetzt noch einen besonders heftigen Tritt in die Seite. Ich verliere fast die Besinnung – als sie plötzlich von mir ablässt, meine Schlafzimmertür aufstößt und sich über das Bett hermacht. Ich sehe Federn fliegen. Sie zerreißt offenbar die Kissen. Wenn ich ihr entkommen will, muss ich die Gelegenheit nutzen. Ich glaube, dass jetzt alles möglich ist.

Meine Tochter ist vierzehn Jahre alt, wiegt über sechzig Kilo und ist in den letzten Jahren zu einem sehr kräftigen Mädchen herangewachsen. Wenn sie gleich zurückkommt, kann das mein Ende sein.

Schwer atmend ziehe ich mich an der Wand hoch, schaffe es mühsam bis in die Küche, um mein Handy vom Küchentisch zu nehmen, und versuche danach, ins Badezimmer zu flüchten. Die Tür lässt sich abschließen. Das kann meine Rettung sein.

Verdammt, ich stoße in der Panik einen Stuhl um, der jetzt donnernd auf den Boden kracht. »Mama?«, höre ich Angelina kreischen. Jetzt geht es um alles.

»Bitte, bitte, lieber Gott, lass mich schnell genug sein, damit ich die Tür noch schließen und den Schlüssel umdrehen kann«, schicke ich verzweifelt ein Stoßgebet gen Himmel. Ob mich der liebe Gott beschützen wird? Vor meinem eigenen Kind …

Ich habe furchtbare Angst und furchtbare Schmerzen. Ich schmecke Blut und traue mich nicht, mir mit der Hand ins Gesicht zu fassen, weil ich weiß, dass ich blute. Meine Augen sind schon ganz verklebt. Ich glaube, Angelina hat mir vorhin Haarbüschel ausgerissen, zumindest fühlt sich meine Kopfhaut so an.

Ich schaffe es! Die Tür ist verschlossen! Ich bin in Sicherheit. Jedenfalls für den Moment. Mit zitternden Händen drücke ich die Notruftaste meines Handys.

»Bitte kommen Sie sofort«, sage ich leise, aus Angst, dass Angelina mich hört und irgendwie die Tür aufbrechen könnte.

Unruhig und mit einem Ohr auf die Geräusche im Flur lauschend, gebe ich die Adresse durch.

»Es ist sofort jemand bei Ihnen«, verspricht mir eine ruhige Männerstimme am anderen Ende der Leitung.

Meine Güte, ich habe unendliche Angst. Nervös ertaste ich mit den Fingern die schmerzenden Stellen an meinem Kopf.

Huch, was ist das? Ich zucke zusammen. Ich höre Türen schlagen. Angelina hat gemerkt, dass ich nicht mehr im Flur bin und sucht mich. Und dann ist es da, ein donnerndes Geräusch. Sie steht an der Badezimmertür. Die Klinke senkt sich. Als sich die Tür nicht öffnet, wirft sie sich offensichtlich mit der Schulter dagegen, immer fester und fester. Schließlich rüttelt sie am Griff, und jetzt, oh nein, jetzt tritt sie mit ganzer Kraft gegen die Tür.

Ich stemme mich von innen dagegen, damit es ihr nicht gelingt, sie aufzudrücken.

»Schluss jetzt! Hör auf damit!« Eine tiefe Männerstimme greift ein. »Sofort!«

Ich erkenne, dass es mein Nachbar ist, dem ich für Notfälle einen Wohnungsschlüssel anvertraut habe. Er muss Angelinas Schreie gehört haben und hält sie jetzt offensichtlich fest. Sie brüllt wie am Spieß. Offenbar will sie nicht aufgeben. Aber er ist groß und kräftig. Er wird sie festhalten.

Ich bin gerettet und setze mich zitternd auf den Badewannenrand, um langsam wieder einen klaren Gedanken fassen zu können.

In den letzten Wochen ist Angelina immer aggressiver geworden. Anfangs richtete sich ihre unkontrollierte Wut gegen Gegenstände. Sie hat bewusst Teller runtergeworfen oder Gläser vom Tisch geschubst. Später ging es gegen mich. Ich bin in letzter Zeit immer wieder von ihr geschlagen und getreten worden, dabei hat sie unverständliche Laute gezischt, ich denke, Beleidigungen.

Ich weiß, was sie so gegen mich aufbringt: Sie nimmt mir übel, dass wir so wenig zusammen unternehmen, seit dem Autounfall nicht mal mehr ausfahren. Um zu den Behandlungen zu kommen, müssen wir jetzt den Bus nehmen. Dazu kommt, dass ich im Rollstuhl sitze. Das macht jede Fahrt umständlich und langwierig. Das kann sie nicht leiden. Sie versteht ja nicht, dass ich mich nicht mehr frei bewegen kann. Sie spürt nur, dass alles »doof« ist, und schlägt um sich. Oder besser: Sie schlägt mich. Sie hat jede Hemmung verloren und ist in dieser Stimmung offenbar wirklich zu allem fähig.

Bernd hat schon einige Male gesagt, dass es so nicht weitergehen könne.

»Kerstin, du musst dich nicht aufopfern. Damit hilfst du niemandem«, hat er erst kürzlich noch gemeint und an mich appelliert, das Mädchen endlich in eine Einrichtung zu geben. Auch Julian hat gefühlt ein Dutzend Mal gesagt, ich solle endlich auch mal an mich denken. »Angelina braucht einen Betreuungsplatz«, drängte er mich und wollte ebenfalls erreichen, dass ich eine Einrichtung für sie suche.

Ich wusste, dass sie recht haben. Aber ich habe es einfach nicht geschafft, meine Tochter wegzugeben, und immer Ausreden gefunden, dieses Thema nicht anzugehen. Meistens habe ich gesagt, dass sie mich brauche und in einem Heim unmöglich zufrieden sein könne. Das denke ich auch wirklich.

Aber der Hauptgrund ist wohl, dass ich mich nicht von ihr lösen möchte. Ich will partout meine Mutterrolle nicht aufgeben. Und ich will sie schützen. Auch vor irgendwelchen Konsequenzen. Wenn sie als gefährlich und unberechenbar gilt, wird man sie wegsperren. Das könnte ich nicht ertragen. Also habe ich ihre Attacken bis jetzt einfach hingenommen und mir Entschuldigungen dafür zurechtgelegt. Angelina weiß doch nicht, was sie tut. Man kann sie für nichts verantwortlich machen.

Aber jetzt kann ich mich nicht mehr wegducken. Heute hat

sie eine Grenze überschritten, und ich verspüre jetzt, blutend und zitternd im Badezimmer hockend, nur noch Angst. Mein Herz pocht mir bis zum Hals

Als es an der Haustür klingelt, bin ich erleichtert.

»Hallo, hier ist die Polizei«, ruft eine Männerstimme.

Erleichtert lehne ich meinen Kopf zurück. »Bitte öffnen Sie sofort die Tür!«, schickt die Stimme hinterher.

Mein Nachbar macht die Wohnungstür auf. Er muss es geschafft haben, das Mädchen zu fixieren. Ich höre seine ruhige Stimme und weiß, ich bin in Sicherheit.

Von Angelina höre ich dagegen keinen Mucks mehr. Aber ein Notarzt spricht offenbar mit ihr, ruhig, besänftigend. Kurze Zeit später bringt man sie weg.

»Bitte öffnen Sie die Tür, Frau Emming, hier ist die Polizei.«

Mit zittriger Hand drehe ich den Schlüssel um. Als ich vor den beiden Polizisten stehe, fällt mir sofort ihr erschrockenes Gesicht auf. Ich muss wie ein Monster aussehen. Mein Anblick schockt selbst die Beamten.

Ich fühle mich wie tot. Ich komme in eine Klinik, weil meine eigene Tochter mich malträtiert hat. Ich hatte wirklich Todesangst. Wie soll eine Mutter damit umgehen?

*

»Frau Emming, Sie müssen vernünftig sein und Ihre Tochter in eine betreute Einrichtung geben. Allein schaffen Sie es nicht mehr!«

Der Klinikarzt Dr. Brinkmann, ein groß gewachsener Mann mit lockigen Haaren, Vollbart und einem offenen Lächeln, sieht mich eindringlich an.

»Ihre Tochter braucht eine intensivere Betreuung. Die können Sie ihr nicht bieten. Glauben Sie mir, Sie tun sich und Ihrer Tochter keinen Gefallen, wenn Sie sich jetzt keine Hilfe holen.«

Ich sehe den Arzt mit leeren Augen an. Eine Stimme in mir sagt: »Er hat recht!« Die andere schreit: »Bitte nicht. Nein, nein, mein Kind gehört zu mir.«

Ich bin müde und unendlich erschöpft. Auch nach vier Tagen in der Klinik fühle ich mich körperlich und seelisch nach wie vor richtig mies. Angelina ist in die Psychiatrie gekommen und wird mindestens sechs Wochen dortbleiben müssen. Ich habe also reichlich Zeit, eine Entscheidung zu treffen und ganz in Ruhe nachzudenken.

Eigentlich hat sich seit ihrer Geburt nur noch alles um die Kleine gedreht. Sie hat jeden Augenblick meines Lebens bestimmt. Es ging nie mehr darum, wie ich mich fühle, sondern wichtig war nur noch, wie es Angelina geht.

Seit dem Schlaganfall kann ich nicht mehr so intensiv für sie da sein, und das ärgert sie. So sehr, dass sie mich attackiert hat und ich jetzt in einem Klinikbett liege, mit dick umwickeltem Kopf und diversen Verbänden an Armen und Beinen. Allein mein Anblick zeigt, dass sich etwas ändern muss. Es ist an der Zeit, dass ich nicht nur auf mein Herz höre, sondern auch auf meinen Kopf – und meinen Arzt.

»Ich weiß«, murmle ich leise. »Helfen Sie mir, eine gute Unterbringung für Angelina zu bekommen?«

»Natürlich, ich gebe das an einen Kollegen weiter. Der sucht ein Heim heraus, in dem sich Angelina auch wirklich wohlfühlt.«

Dr. Brinkmann lächelt mich aufmunternd an, nimmt meine Hand.

»Sie müssen jetzt erst einmal an sich denken. Die letzten Jahre waren alles andere als leicht. Sie sind krank. Bitte vergessen Sie das nicht.«

Ich nicke. Was ist bloß aus mir geworden? Ich bin ein körperliches und psychisches Wrack, völlig am Ende und ohne Zuversicht.

Ich muss vieles ändern. Sonst kann mir bald nichts und niemand mehr helfen.

*

Als ich drei Wochen später aus dem Krankenhaus entlassen werde, sind bereits alle Formalitäten für Angelinas Unterbringung erledigt. Ich habe sie in einer kirchlichen Einrichtung in Gronau angemeldet, eine wunderschöne Anlage, eine knappe Autostunde von mir entfernt. Ich war sogar so mutig und habe mit Bernds Hilfe einen Kredit aufgenommen und mir aus der Klinik heraus einen neuen Wagen gekauft. Ich brauche das Auto, um Angelina künftig besuchen zu können, aber auch, weil ich endlich wieder mobil sein möchte. Einfach mal rauskommen, etwas unternehmen können, mit oder trotz des Rollstuhls, das wünsche ich mir so sehr. Ich will nicht zurück in die Isolation. Einsam und ohne Abwechslung erhole ich mich nie mehr.

Zurück zu Hause ist alles neu. Ich bin zum ersten Mal seit vielen Jahren ohne ein straff durchgeplantes Tagesprogramm und habe plötzlich Zeit für mich, kann in Ruhe die Zeitung lesen, telefonieren, etwas Leckeres kochen und ganz entspannt essen. All das kenne ich so gar nicht mehr. In meinem Leben gab es immer nur Stress und Hektik. Denn egal, was ich gerade machte, irgendwann meldete sich Angelina, und ich ließ dann alles stehen und liegen und kümmerte mich um sie.

Im November 2011 liegt endlich das ersehnte Schreiben ihres zukünftigen Zuhauses in meinem Briefkasten: Angelina kann kommen und bereits am ersten Dezember einziehen.

Als ich den Brief in den Händen halte, fühle ich mich elend. Meine Kleine ist gerade erst vor ein paar Tagen aus der Psychiatrie entlassen worden und sitzt jetzt bei mir im Wohnzimmer. Arglos blättert sie in einem ihrer geliebten Pferdemagazine. Es geht ihr wieder recht gut. An ihren Ausraster kann sie sich nicht erinnern. Als ich sie abholte, hat sie vergnügt gequietscht und sich ehrlich gefreut, mich zu sehen.

Bernd fuhr uns dann zusammen nach Hause, und sie hielt die ganze Zeit über meine Hand. Aber ich habe damals schon nicht mehr an ein Happy End geglaubt, und es gab auch in den letzten Tagen, in denen sie bei mir ist, immer wieder kribbelige Situationen, die mir Angst gemacht haben. Es ist keine Frage mehr: Wir brauchen eine endgültige Lösung. Und diese Einrichtung ist das Beste für sie.

Trotzdem ist die Nachricht ein Schock, und ich muss mich erst einmal sammeln. Jetzt ist es ernst. Ich werde mein Kind in fremde Hände geben müssen.

Tränen kullern mir über die Wangen. Aber es gibt keinen anderen Ausweg.

Beherzt schließe ich kurz die Wohnzimmertür, damit Angelina mein Gespräch nicht hört. Dann greife ich zum Telefon und bestätige die Anmeldung.

»Ich bringe Ihnen Angelina«, sage ich mit fester Stimme. »Aber erst am zweiten Januar. Bitte verstehen Sie mich, aber die Adventszeit und Weihnachten möchte ich zusammen mit meiner Tochter verbringen.«

»Zehn Wochen darf ich sie nicht sehen? Aber das versteht Angelina nicht. Mein Kind muss sich doch völlig verlassen vorkommen. Wie soll ich ihr das denn erklären? Sie hat kein Zeitgefühl.«

Ich bin aufgeregt, und meine Stimme überschlägt sich fast. Angelina hat gerade ihr Zimmer in einer Einrichtung für Menschen mit Behinderung bezogen, und ich erfahre von Frau Wagner, der Heimleiterin, dass ich Angelina fast drei Monate lang nicht besuchen dürfe.

Ich sitze in ihrem Büro und drehe nervös an meinen Fingern. Ich weiß nicht, wie ich mich verhalten soll. Irgendwie gefällt mir das plötzlich alles nicht mehr. Ob ich einen Rückzieher machen und mein Kind einfach wieder mitnehmen soll? Aber was werden Bernd und Julian sagen? Und die Ärzte? Niemand würde verstehen, wenn ich mich weiter so gefährde.

»Glauben Sie mir, so ein Kontaktverbot ist gut für Ihre Tochter«, versichert mir die Chefin jetzt noch einmal. Sie ist eine gemütlich wirkende, etwas pummelige Frau mit blondem Pferdeschwanz und offenem Blick und macht einen engagierten und sehr professionellen Eindruck. Eigentlich möchte ich ihr vertrauen. »Sie wird sie nicht vermissen, weil wir ihr hier viel bieten«, versucht sie mich zu beruhigen.

Ich schüttle den Kopf. »Die Liebe, die sie braucht, die können Sie ihr nicht bieten. Sie wird traurig sein.«

»Vertrauen Sie uns!« Die sympathische Frau argumentiert unbeirrt weiter. »Sie werden überrascht sein, wie prima es Ihrer Tochter bald geht. Bei uns hat sie Unterhaltung, wird andere Jugendliche kennenlernen, Freundschaften knüpfen.«

Ich bin unsicher, sage aber kein Wort mehr. Ich werde auch in fünf Minuten oder in einer Stunde nicht wissen, was jetzt das Richtige für uns alle ist.

Trotzdem rede ich noch lange mit Frau Wagner, und sie geht auch geduldig auf mich ein, hat für jede meiner Fragen eine Antwort.

Ihre Zuwendung tut mir gut. Aber die ganze Situation stresst mich furchtbar. Ich soll mich nicht einmal mehr von Angelina verabschieden. »Wühlen Sie das Mädchen nicht auf. So, wie es Ihnen jetzt geht, ist ein Besuch nicht gut«, lautet ihre Begründung. Das klingt einleuchtend. Obwohl … Ach was, ich gebe auf.

Als ich an diesem Tag in meinem Rollstuhl zurück zu meinem Wagen rolle, ist mein Herz leer. Ich habe während der Heimfahrt große Mühe, mich auf den Verkehr zu konzentrieren und möchte nur noch eines: nach Hause kommen und schlafen. Ich brauche Ruhe, ganz viel Ruhe. Und langsam realisiere ich, dass ich jetzt dauerhaft ein neues, anderes Leben führen werde. Natürlich fehlt mir mein Kind, und ich rufe jeden Tag in der Einrichtung an und frage, wie es meiner Tochter geht, und die Antworten sind jedes Mal gleich: Es gehe ihr prächtig!

Das erste Wiedersehen mit Angelina nach den ersten zehn Wochen bestätigt das. Sie scheint sich wirklich gut zu fühlen. Als sie mich nach der langen Zeit wieder in der Tür stehen sieht, strahlt sie übers ganze Gesicht und läuft juchzend auf mich zu.

Wir liegen uns lange in den Armen. Meine Kleine küsst und herzt mich, drückt mich fest an sich und mag mich gar nicht mehr loslassen. Aber die riesengroße Freude verfliegt auch schnell wieder. Nachdem sie mich im Überschwang gedrückt und festgehalten hat, geht sie wieder zu ihrer Freundin Nadine, einem Mädchen mit Downsyndrom, und bastelt weiter an ihren Blumen. Für mich hat sie gar keine Zeit mehr.

»Seien Sie nicht traurig!«

Frau Wagner steht neben mir und legt mir ganz vertraut den Arm um die Schulter.

»Na, sehen Sie. Ich habe es Ihnen gesagt: Angelina ist glücklich bei uns. Sie hat schnell eine beste Freundin gefunden, spielt leidenschaftlich gern Karten und bastelt unermüdlich an Papierblumen.«

Ich lächle und sehe den beiden Mädchen zufrieden bei ihrer konzentrierten Arbeit zu.

»Glauben Sie mir, Frau Emming, Ihre Tochter hat hier alles, was sie braucht. Und wenn sie die Ferien bei Ihnen verbringt und ab und zu ein Wochenende, dann geht es Ihnen beiden gut. Man muss loslassen, auch oder gerade bei behinderten Kindern!«

»Ich verstehe rückblickend, dass Sie recht hatten«, sage ich. »Vermutlich hätte ich schon viel früher einen Platz für Angelina suchen sollen. Aber jetzt sehe ich nach vorn und versuche, mein Leben zu genießen, auch im Rollstuhl.«

*

Doch das ist alles andere als leicht. Erst nach und nach finde ich innere Ruhe und spüre, dass mir die stressfreie Zeit einfach guttut. Angelina besuche ist zweimal die Woche. Bei gutem Wetter gehen wir gemeinsam ein bisschen spazieren. Ansonsten basteln wir zusammen oder spielen etwas. Die restliche Zeit gehört mir. Ich horche in mich hinein, überlege und erspüre, was mir Freude machen würde, und überlege und erfühle auch, für welche Dinge ich in den letzten vierzehn Jahren keine Zeit mehr hatte. Ich war immer sehr sportlich. Aber im Rollstuhl ist es schwer damit. Doch ich will wieder dort ansetzen, wo ich aufgehört habe. Ich will etwas unternehmen, ausgehen, Spaß haben.

Ich kann nicht laufen, na gut, aber ich kann rollen. Und so bummle ich nun eben mit meinen Freunden, die ich wieder häufiger sehe, nicht durch Lokale und Discos, sondern rolle mit ihnen und kann auch das genießen.

Zudem mache ich Rollstuhlsport, tanze und spiele Basketball auf vier Rädern. Die Beweglichkeit dafür habe ich mir zu Hause im Wohnzimmer antrainiert, ein paar Kniffe zwischendurch in der Reha dazugelernt. Mittlerweile beherrsche ich meinen leichten Rollstuhl richtig gut, bringe ihn mit den Bewegungen meiner Hüften zum Drehen, justiere mit meinen Händen am Schwungrad. Ich bin damit richtig wendig, schnell, exakt. Das zu erleben macht mich immer unternehmungslustiger.

Ich fühle mich frei, kann alles machen, was ich will und wann ich will. Ein verrücktes, erlösendes Gefühl. Ich fliege sogar allein in die Türkei. Ohne Kinder. Ohne Partner. Und das Gute daran, das mich aufbaut: Ich kann es genießen.

Es geht mir gut, und ich zeige das auch. Ich flirte sogar und lerne dabei Dieter kennen, einen attraktiven, sehr schlanken Ingenieur mit lustigem Lockenkopf, der einmal in einem Fachgeschäft meinen Rollstuhl repariert hat. Uns verbindet eine Sommerliebe, und es ist das erste Mal, dass ich mich nicht nur als Mutter, sondern auch wieder als Frau fühle. Ich kaufe mir Make-up, neue Kleidung, blühe auf. Aber die Liebe übersteht nur ein paar Wochen. Dann macht Dieter mit mir Schluss.

»Ich kann mir ein Leben mit einer behinderten Partnerin einfach nicht vorstellen«, sagt er ehrlich. Er kann laufen, ich nicht. Mit mir kann er nicht so leben, wie er es sich wünscht. Es geht ihm alles zu langsam, zu umständlich. Er möchte im

Herbst in den Bergen wandern und im Winter zum Langlaufen.

»Aber man muss doch nicht alles zusammen machen«, werfe ich ein, um das schöne Gefühl der Zweisamkeit zu retten. Aber Dieter kann sich diese Art von Rücksicht längerfristig nicht vorstellen. Seine Liebe reicht nicht dafür. Er sagt es offen und direkt. Das tut weh, richtig weh.

Als er geht, gebe ich den Gedanken an eine Partnerschaft auf. Ich habe verstanden, dass »Läufer« und »Fahrer« nicht zusammenpassen. Und dass ich einen Rollstuhlfahrer finde, der mir gefällt, daran wage ich nicht zu glauben.

Ich muss lernen, auch allein Glück empfinden zu können. Ich habe mittlerweile wieder enge Freunde, mit denen ich etwas unternehmen kann. Und ich darf mir nicht das Erreichte kaputtmachen lassen, nur weil mir der passende Partner fehlt. Klar, wäre es schön gewesen, zu zweit zu sein. Doch es ist anders gekommen, und mein Kopf ist noch oben. Das zählt!

Aber ich merke an dieser Enttäuschung und meiner tieftraurigen Reaktion darauf auch, dass mein neues Glück nur oberflächlich ist. Ich stemme mich wirklich gegen mein Schicksal, aber es gelingt mir nicht wirklich. Zum einen setzen mir die ständigen Schmerzen zu. Es gibt Tage, da glaube ich, verrückt zu werden. Ich fühle mich dann wie in einer Falle. Die Schmerzen halte ich ohne Morphium nicht aus. Aber mit Morphium fehlt mir der Wille, etwas zu unternehmen. Ich muss mich entscheiden: zwischen durchhalten, Zähne zusammenbeißen und leben auf der einen Seite und wegdösen und schmerzarm vor mich hin vegetieren auf der anderen. Das ist ein täglicher Kampf, der immer wieder anders ausgeht und der auf meine Seele drückt und sie nach und nach so beutelt, dass ich mehr als angeschlagen bin.

Am meisten hasse ich mein Bein, den verkrüppelten Fuß. Hinzu kommt, dass ich die ganzen schlimmen Erfahrungen meines Lebens offenbar nicht wirklich verarbeitet habe. Die belastenden Bilder begleiten mich und tauchen unvermittelt immer wieder auf. Am schlimmsten verfolgt mich der Unfall, gefolgt von Angelinas Attacke, danach kommt das erdrückend leere Gefühl, das mich umhüllte, als ich nach dem zweiten Schlaganfall aufgewacht bin. Ich sehe aber auch immer wieder mein kleines, wimmernden Mädchen vor mir, das bei einem der häufigen epileptischen Anfälle zitternd in meinen Armen liegt …

Die Bilder lösen Ängste aus. Vor Menschengruppen, engen Fahrstühlen, Dunkelheit. Ich bekomme unvermittelt Panikattacken. Mein Herz rast. Ich fasse mir dann an die Brust und habe Angst, das Bewusstsein zu verlieren. Umfallen kann ich ja nicht, nur im Rollstuhl zusammensacken. Und dann will ich nach Hause, so schnell wie möglich. Dort, in der Abgeschiedenheit, wimmere ich wie ein kleines Kind, verzweifelt, hoffnungslos, verloren.

Ich bin einfach nicht gesund. Äußerlich ist es auf den ersten Blick sichtbar. Ich sitze ja im Rollstuhl. Was die seelischen Beeinträchtigungen angeht, die erkennen nur die Fachleute.

In der Klinik hat man mir nach dem Autounfall Antidepressiva verschrieben. Ich hätte es ohne diese Unterstützung nicht gepackt. Ich nehme die Medikamente bis heute und fürchte, ich bekäme meine Ängste anders nicht mehr in den Griff.

Meine Seele leidet und bremst mich immer wieder aus, obwohl ich regelmäßig Tabletten dagegen nehme. Aber ein trüber Tag, eine Enttäuschung wie die mit Dieter, eine Schwierigkeit, wie ein Konflikt mit den Nachbarn, und schon fühle ich mich elend und geschlagen. Ich ziehe mich dann sofort zurück, igle mich in meiner Wohnung ein und weine meine Not hinaus. Wie würde das ohne die Pillen aussehen? Vielleicht hätte ich mir dann schon das Leben genommen.

*

»Kündigung!«

Ich lese das Wort schon durch den schimmernden Briefumschlag hindurch.

Seit meinem Auszug lebe ich in Nordhorn. Jetzt aber ist das Haus verkauft worden, und der neue Besitzer kündigt mir. Ich muss ausziehen. Das ist ein neuerlicher Schock. Mir wächst gerade mal wieder das Leben über den Kopf. Und es kommt noch schlimmer. In dieser Zeit erkrankt auch noch meine Mutter an Krebs, baut innerhalb weniger Wochen sichtbar ab. Ich spüre, dass es mit ihr zu Ende geht und versuche, ihr in der verbleibenden Zeit jeden Wunsch von den Augen abzulesen. Aber das Schicksal ist schneller als mein Bemühen. Keine acht Wochen nach der Diagnose schläft sie in meinen Armen ein. Mit ihrem Tod weicht endgültig jede Kraft aus mir.

Mit ihr fehlt mir das schützende Dach. Mein Vater ist schon vor mehr als zwei Jahrzehnten verstorben. Er lag eines Morgens tot im Bett. Herzinfarkt. Mit meiner Schwester habe ich nach wie vor keinen Kontakt.

Ich bin allein, denke daran, einfach meiner Mutter zu folgen und einzuschlafen. Aber ich denke auch an Julian und Angelina. Ich kann sie nicht im Stich lassen. Sie sind in den Ferien immer bei mir, und wir verstehen uns dann auch wirklich wunderbar. Ich kann mich nicht so einfach wegschleichen. Sie brauchen mich, ich trage Verantwortung.

Aber es geht mir schlecht. Ich fühle mich am Tiefpunkt meines bisherigen Lebens angekommen, müde, ausgebrannt, ja, kaputt.

Es ist einfach von allem zu viel. Kaum ist eine Krise bewältigt, kommt schon die nächste. Es ist nie vorbei und nie genug. Das Schicksal hört einfach nicht auf, mich durchzurütteln.

In meinem Kopf blitzen nach wie vor viel zu viele Bilder auf. Jetzt kommen auch noch die leidenden Augen meiner Mutter dazu. Es sind diese Bilder in meinem Kopf, und es sind die Schmerzen, die in meinem Körper brennen.

Ich bekomme Tag für Tag eine hohe Dosis Morphium und weiß, was das Zeug in meinem Körper anrichtet. Ich weiß so viel, und es macht mich so mutlos. Ich bekomme auch gegen die Angst Tabletten, die aber garantiert wieder etwas anderes auslösen. Ich bin abhängig von Morphium und einer Handvoll anderer Pillen und weiß nicht mehr, was ich fühlen soll.

Vermutlich werde ich bald auch nicht mehr wissen, was ich denken soll. Mein Körper, mein Kopf, alles ist wie durcheinandergewirbelt.

Und doch muss ich versuchen, für meine Kinder und mich das Beste aus der schlimmen Situation zu machen. Aber dazu brauche ich Hilfe, so viel steht fest. Denn nach meinem Körper streikt zunehmend auch meine Seele.

*

»Ich empfehle Ihnen, eine Therapie zu machen«, rät mir mein Hausarzt Dr. Kerner, zu dem ich schon seit vielen Jahren gehe. Er ist ein ungeheuer freundlicher und sehr einfühlsamer Mann um die fünfzig, klein, untersetzt, mit Schnauzbart und Halbglatze. Ich mag ihn sehr, weil ich für ihn keine Nummer bin, sondern ein Mensch, für den er sich nach meiner Einschätzung ernsthaft einsetzen möchte.

Erst zögere ich. Ich halte mich nicht für den Typ Frau, bei der Therapien helfen. Aber Dr. Kerner lässt nicht locker, erklärt mir, dass ich in der von ihm ausgesuchten Fachklinik das Handwerkszeug vermittelt bekomme, mein Leben unter den neuen Gegebenheiten meistern zu können. Das klingt so reizvoll, dass ich schließlich mit voller Überzeugung »Ja« sage. Er hat ja recht: Ich kann nicht alles mit mir allein abmachen. Ich brauche Rat, um Dinge einzuordnen, zu verstehen, zu akzeptieren.

Für drei Wochen gehe ich also in ein Haus im Sauerland und genieße jede Stunde dort, weil ich mich endlich einmal fallen lassen kann.

Die Klinik sieht auf den ersten Blick aus wie ein schickes Hotel. Der weiß getünchte zweistöckige Bau ist eingebettet in eine herrliche Natur. Es gibt einen weitläufigen Park mit kleinen Teichen, einem Waldstück und blühenden Wiesen. Ich fühle mich auf Anhieb wohl. Die Mitarbeiter sind freundlich und aufmerksam, und ich werde verwöhnt, wie noch nie in meinem Leben. Statt Stress und Schufterei kann ich drei Mal am Tag ein leckeres Büffet genießen, ein Buch lesen oder Liebesfilme im Fernsehen sehen. Dazwischen habe ich Anwendungen, mache Sport, gehe schwimmen, lasse es mir einfach richtig gut gehen.

Von den anderen Patienten halte ich mich allerdings ein wenig fern. Ich bin nicht in der Stimmung zu Small Talk und gemeinsamen Unternehmungen. Ich brauche diese Zeit ganz für mich und genieße es, viel allein zu sein.

Richtig gut tut es mir, dass ich mir bei einem Psychologen alles von der Seele reden kann.

Es ist so viel passiert, und die schlimmen Schicksalsschläge sind so schnell aufeinander gefolgt, dass ich keine Zeit hatte, sie zu verarbeiten. Es blieb einfach keine Zeit, alles in meinem Kopf und meiner Seele richtig einzusortieren.

Nun geht es nur um mich. Ich muss nicht funktionieren, nur für meine Kinder oder meine Mutter da sein, nein, ich darf nehmen, Zuwendung und Aufmerksamkeit. Ich kann jemandem die Bilder beschreiben, die mich heimsuchen, loswerden, was auf meiner Seele drückt, und spüre sofort: Es ist eine der besten Ideen der letzten Jahre, diese Therapie zu machen.

Und ich lerne viel. Zuallererst, meinen Körper so zu lieben, wie er nun eben ist. Herr Bohlmann, ein unauffällig aussehender Mann mit schütterem grauen Haar und Dreitagebart rät mir, meine Depressionen und Panikattacken weiterhin mit einer Gesprächstherapie zu bekämpfen. Und er sagt etwas, das ich schon vor einiger Zeit gehört habe: »Sie sind eine starke Frau. Sie packen das!«

Ich möchte ihm so gern glauben.

Aber er lässt mich nicht nur reden und hört mir zu, ich bekomme auch Wege aufgezeigt, wie ich auf meinem Lebensweg weitermachen kann.

»Sie müssen sich Ziele setzen«, fordert er mich auf. »In kleinen Etappen kommen Sie zum Erfolg.«

Und noch etwas rät er mir: »Sie dürfen niemals aufgeben, sondern müssen immer beharrlich in kleinen Schritten weitermachen und dürfen dabei nie Ihr Ziel aus den Augen verlieren.«

Ich sauge diese Sätze förmlich in mich auf.

Mein Psychologe ist sehr einfühlend, konzentriert sich aber nicht auf meine Probleme, meine Schicksalsschläge, sondern sieht mein Entwicklungspotenzial im Hier und Jetzt. Es ist das erste Mal, dass ich so viel Akzeptanz und Wertschätzung erlebe. Ich habe verlernt, mir Dinge zuzutrauen. Meine vielen Ängste verstellen mir den Weg, mein Leben wieder mutig und zuversichtlich selbst zu gestalten.

»Sie können ganz viel schaffen, wenn Sie an sich glauben«, ist seine Botschaft. Er ermutigt mich, Dinge anzupacken. Und er macht das richtig gut. So solle ich mir überlegen, wie ich leben wolle, wie ich mir einen idealen Tag vorstellen würde.

Da muss ich nicht lange überlegen.

»Ich möchte in einem neuen schönen Zuhause gemütlich frühstücken, mit meinen Kindern oder Freunden zusammen sein, umgeben von meinen liebevoll ausgesuchten Pflanzen, einem Flieder, einem Oleander und glutroten Rosen, in Ruhe ein schönes Buch lesen.«

Ich sehe ihn neugierig, aber auch unsicher an.

»Zu viel?«, frage ich.

Er schüttelt energisch den Kopf.

»Keineswegs!« Und dann meint er: »Sie werden noch viele tolle Tage haben.«

»Das macht mir Mut!«

»Das soll es auch. Und wie soll Ihr Leben in ein, zwei oder fünf Jahren aussehen?«

Was für eine Frage … In meinem Leben ändert sich von einem Moment auf den anderen alles. Kann ich überhaupt planen?

Für die Antwort brauche ich Zeit. Wie möchte ich leben? Eigentlich habe ich langfristig nur einen Wunsch.

»Ganz ehrlich, wenn ich träumen darf, möchte ich wieder laufen können. Und der Rest soll so bleiben, wie er ist. Dann wäre ich glücklich, richtig glücklich.«

Der Psychologe lächelt mich jetzt an. Gütig? Mitleidig? Vermutlich Letzteres. Er weiß ja, dass ich austherapiert bin.

Aber er reagiert ganz anders als erwartet.

»Träumen hilft der Seele. Und es begegnen einem immer wieder Wunder, liebe Frau Emming. Das sollten Sie nie vergessen.«

In jeder Sitzung führt er mich fortan ein großes Stück weiter in eine neue Richtung, und nach jeder Sitzung fühle ich mich ein kleines bisschen stärker als bisher. Ich fühle mich auch zunehmend sicherer und geborgen. Seine Begleitung tut mir gut.

Am Ende weiß ich, dass ich akzeptieren muss, was nicht zu ändern ist. Was passiert ist, ist passiert. Das ist einfach so. Was ich ändern kann, das ist, damit umzugehen. Ich muss mich wieder annehmen und lieben, auch mit dieser Behinderung, mit diesem kaputten Bein und dem schmerzenden Fuß.

Das heißt, mein Blickwinkel auf mein Leben muss sich ändern. Ich darf mich nicht länger schwach und wertlos fühlen, weil ich behindert bin. Vielmehr muss ich mir etwas zutrauen.

Und das schönste Ergebnis der Therapie: Ich lerne, wieder zu hoffen. »Es begegnen einem Wunder«, hat er mir mehrmals gesagt. Dieser Satz wird mein Licht im Dunkel. Ich glaube an Wunder!

Als mich Herr Bohlmann entlässt, fühle ich mich stark und bin voller Tatkraft. Ich weiß jetzt, dass er recht hat: Ich bin wirklich eine starke Frau und muss vor nichts und niemandem Angst haben. Ich kann ein schönes Leben führen. Ängste hat jeder Mensch. Sie gehören dazu. Aber sie dürfen nicht Besitz von mir ergreifen. Das habe ich nun verstanden, und ich bin sehr, sehr dankbar dafür.

Kapitel 6

Der See liegt wie ein großer wasserblauer Spiegel vor mir, gerahmt von einem blassgrün leuchtenden Wald auf der einen Seite und sich wunderbar wie ein Teppich ausbreitenden Wiesen auf der anderen. In die Grünflächen hineingestreut gibt es einen Minigolfplatz, einen Reiterhof, diverse Bars und Restaurants, idyllische Spazierwege und einen Mobile-Home-Park mit rund zweihundert Wochenendheimen, die man aber auch dauerhaft nutzen kann.

Hermann, der Triker, wohnt hier und hat mich eingeladen. Unser Kontakt ist seit der Spendenaktion für Angelina nicht mehr abgerissen, mittlerweile sind wir gute Freunde geworden. Wir haben viele gemeinsame Interessen. Unter anderem hat er mich zur leidenschaftlichen Trikefahrerin gemacht. Ich träumte schnell von einem eigenen Gefährt, und Hermann hat schließlich auf meine Bitten hin ein Traumgefährt aufgetrieben: Es war nicht neu, sondern hatte schon ein paar Jahre auf dem Buckel, aber wunderschön und gut in Schuss.

Hermann ist mit mir zum Verkäufer gefahren und hat das gute Stück auf Herz und Nieren geprüft. Er kennt sich ja prima aus und konnte keine Mängel erkennen. »Nimm es!«, hat er mir damals geraten, und ich habe kurzentschlossen »Ja« gesagt.

Mit dem Trike habe ich mir ein Stückchen Freiheit zurückerobert. Ich saß zwar im Rollstuhl, aber wenn ich wollte, konnte ich mir nun mit diesem Gefährt den Wind um die

Nase pusten lassen, ach, mehr noch, ich konnte die Natur am ganzen Körper spüren. Um mich herum gab's nur Luft und bei schönem Wetter Sonne satt.

Wenn ich Zeit hatte, bin ich mit der Truppe an der holländischen Grenze entlanggeknattert, und ich konnte jedes Mal so etwas wie Glück verspüren. Es war und ist auch die Gemeinschaft mit Gleichgesinnten: Hermann und seine Jungs haben mich mit offenen Armen aufgenommen. Es macht Spaß, am Wochenende etwas in der Gruppe zu unternehmen. Manchmal sind wir auch zu Trikertreffen gefahren. Dann sind leckeres Essen in der Gruppe, Dartspiele auf freiem Feld, Unterhaltungen und einfach mächtig Spaß zusammen angesagt.

Mir hat es von Anfang an gutgetan, einfach mal rauszukommen. Es ist das Stückchen Freiheit, das jeder Mensch braucht. Ich lebe nun allein und könnte fahren, wann ich will. Aber das Trike steht fast nur noch in der Garage. Denn Hermann ist zuletzt häufig krank gewesen, und allein hatte ich keine Lust.

Er ist einer, auf den ich immer zählen kann. Wenn es mir schlechtgeht, ist er da, ruft an, schreibt, gibt mir das Gefühl, jemanden zu haben, der für mich da ist.

»Komm doch mal her, Mädchen! Vielleicht magst du auch hier leben«, hat er deshalb kürzlich am Telefon gesagt, als ich ihm von meiner misslichen Wohnungssituation erzählt habe.

Doch ich war skeptisch. Ich hatte ihn zwar noch nie besucht, war mir aber sicher: Ein Mobilheim ist nichts für mich. Allerdings hat er mir dann doch den Floh ins Ohr gesetzt, ein kleines Heim am See zu kaufen und damit unabhängig von Vermietern zu sein.

»Geh doch einfach mal neue, unkonventionelle Wege, und

kauf dir hier etwas«, hat er gemeint und mir prophezeit: »Du wirst es lieben.«

Und damit hat er nicht nur das eigene Heim gemeint, sondern auch das Gemeinschaftserlebnis.

»Die Leute sind hier füreinander da. So etwas brauchst du!«, hat Hermann geschwärmt und damit auch wirklich recht.

Julian lebt bei seinem Vater. Er arbeitet mittlerweile als Lagerist und hat nur am Wochenende Zeit. Der Junge kommt zwar regelmäßig vorbei, bleibt aber immer nur kurz. Angelina wohnt in der Einrichtung und besucht mich nur noch in den Ferien. Meine Freunde haben alle Partner.

Ich bin also in einer Wohnung letztlich auf mich allein gestellt und weiß, dass es mit einer Behinderung unmöglich ist, einfach mal schnell unter Leute zu kommen. Ich brauche eben für alles viel Zeit, muss planen und organisieren. Außerdem mag ich partout niemandem zur Last fallen und frage lieber einmal mehr als zu wenig, ob man mich überhaupt dabeihaben möchte.

Die Sorge, nicht willkommen zu sein, die Einsamkeit und die Zweifel, dass sich an alldem jemals noch etwas ändern wird, bleiben nicht folgenlos. Ich fühle mich psychisch angegriffen. Längst fürchte ich die Einsamkeit. Besonders vor den kalten Wintermonaten graut es mir. Deshalb lasse ich mir Hermanns Vorschlag ernsthaft durch den Kopf gehen.

Von Bernd gab's allerdings sofort Gegenwind, als ich ihm von meiner Idee erzählt habe, mir vielleicht am Drilandsee etwas zu kaufen.

»Du bist verrückt«, hat er gepoltert. »Du brauchst eine richtige Wohnung, behindertengerecht ausgebaut«, war seine Meinung.

Ja, klar brauche ich das. Aber ich kann das nicht bezahlen. Eine schöne Wohnung kostet ein kleines Vermögen. Ich habe nur den Unterhalt von Bernd, der wirklich großzügig berechnet ist, aber für so aufwendige Projekte reicht es natürlich trotzdem bei Weitem nicht. Außerdem will ich in der Nähe von Angelina sein. Unser Miteinander ist wieder richtig innig geworden. Angelina entwickelt sich prächtig, wird immer verständiger und freut sich jedes Mal riesig, wenn sie mich sieht. Im Moment muss ich noch viel fahren, um sie zu besuchen. Aber das kann ich jetzt ändern.

Ich habe mir bereits einige Angebote rund um Gronau angesehen, und immer gab es Probleme wegen des Rollstuhls. Deshalb nahm ich mir vor, mich einfach mal am Drilandsee unverbindlich umzusehen. Wer weiß, vielleicht würde ich da ja doch eine neue Heimat finden.

Und nun bin ich also da. Ich habe mir meinen Rollstuhl gepackt und fahre damit entspannt die kleinen Wege entlang. Ich kann mich nicht sattsehen an dieser herrlichen Natur. Die Luft ist spätsommermild. Ab und zu bläst mir ein leichter Wind die Feuchtigkeit des Sees ins Gesicht, und ich schließe die Augen und kann die Ruhe förmlich spüren. Es ist herrlich hier.

Ich weiß nicht, wie lange ich über die Wald- und Wiesenwege ruckle. Aber ich weiß, dass ich mich mit jedem Meter mehr in diese Landschaft verliebe. Hermanns Vorschlag kam gerade richtig. Ich kann mir gut vorstellen, hier zu leben.

Dann rolle ich auf eine kleine Aussichtsplattform und überblicke den See in seiner ganzen Länge. Seevögel gleiten über das Wasser. In der Ferne zieht ein Reiher seine Kreise auf der Suche nach leckerer Beute. Vögel zwitschern. Idylle pur. Man kann hier glücklich sein. Ganz bestimmt.

*

Später sitze ich mit Hermann auf seiner kleinen Terrasse. Er hat uns Kaffee gekocht und leckeren Apfelkuchen gekauft. Ich fühle mich herrlich umsorgt.

Sein Häuschen liegt direkt am Wald. Ich höre bei ihm im Garten die Blätter rascheln, wenn der Wind in den Baumkronen spielt. Es ist das Paradies.

»Die Leute treffen sich hier regelmäßig, spielen Bridge zusammen, machen Sport, angeln, joggen, kochen. Es ist eine bunt zusammengewürfelte lockere Gemeinschaft, und du passt perfekt dazu«, meint Hermann, und es hört sich an, als würde er für mich einen Werbefilm besprechen.

»Wir können hier Darts spielen und Minigolf, wir können segeln, surfen und reiten, und wer all das nicht mag, kann Ausflüge nach Holland machen. Du hast ja dein Trike. Wir können es hier bei einem Freund unterstellen.«

»Ich habe in letzter Zeit wenig Gelegenheit gehabt, damit zu fahren«, werfe ich ein. »Allein macht es keinen Spaß.«

»Eben, komm zu uns. Dann können wir auch leichter gemeinsam ›Gas geben‹«, sagt er lachend. »Und die Einsamkeit gehört für dich endgültig der Vergangenheit an.«

Hermanns Worte wühlen mich auf. Klar reizt mich das Miteinander.

»Weißt du, Mädchen«, meint er lächelnd. »Vertraue mal deinem alten Freund Hermann und ziere dich nicht. Du wirst glücklich hier sein, ganz bestimmt.«

Ich bin gerührt, dass Hermann sich so für mich ins Zeug legt. Er möchte, dass es mir gutgeht und dass wir mehr miteinander unternehmen können. Es tut gut, so einen Freund zu haben.

Ich denke an die vielen frustrierenden Besichtigungen der letzten Wochen und an meine Angst, demnächst auf der

Straße zu stehen, und schließlich sage ich »Ja« und bitte Hermann, mir die freien Häuser zu zeigen.

Unser Rundgang über den Platz spricht sich herum wie ein Lauffeuer. Überall öffnen sich Fenster. Vermutlich geben wir ein ungewöhnliches Bild ab; der kräftige Hermann, der mit seinen hundert Kilo wie ein Fels in der Brandung wirkt, und ich, mit fünfzig Kilo so zierlich in meinem Sport-Rollstuhl.

»Hallo, bist du unsere neue Nachbarin?«, ruft eine blondgelockte Frau in meinem Alter und winkt mir einladend zu. Sie steht in ihrem Carport und sortiert Flaschen aus. »Kommt doch nachher mal vorbei. Ich habe gerade eine Gemüse-Quiche gemacht.«

»Das ist Inga, sie versorgt uns alle mit Leckereien, und ihre Quiche …«, Hermann schließt genießerisch die Augen, »… ja, die ist wirklich eine Wucht. Ich habe ihr von dir erzählt. Ihr werdet euch gut verstehen.«

»Hallo, und ich bin Silke«, ruft eine weitere Bewohnerin des Parks fast zeitgleich von der gegenüberliegenden Straßenseite herüber. »Und bei mir gibt's heute höchstens einen Kaffee.«

Die Frau trägt einen pinkfarbenen Jogginganzug und strahlt mich fröhlich an.

Hermann winkt zurück. »Lasst unsere Kerstin erst einmal mit dem Ort warm werden. Sie ist gerade erst angekommen.«

»Sind die hier immer so nett?«, will ich wissen, und Hermann nickt.

»Eigentlich schon«, bestätigt er. »Ja, klar ist mal jemand dabei, den man nicht so mag. Aber insgesamt ist das hier eine tolle Truppe.«

Die tolle Truppe, oder zumindest ein Teil davon, empfängt mich mit offenen Armen. Zwei Frauen, Hilda und Greta, laden uns spontan zu einem Wasser in ihren Vorgarten ein, und Dieter, ein sympathischer Rentner, repariert sofort den Reifen meines Rollstuhls. Angeblich habe etwas gequietscht. Ich bin jedenfalls hin und weg und möchte am liebsten sofort einziehen.

Kurz darauf zeigt mir der Verwalter drei Mobilheime, die zu verkaufen sind, und beim letzten bin ich überzeugt: Das ist es! Das Häuschen ist perfekt für mich. Ich habe insgesamt achtunddreißig Quadratmeter, einen Wohnraum, Küche und Bad und zwei kleine Zimmerchen für meine Kinder. Dazu einen kleinen Wintergarten von zehn Quadratmeter. Ideal zum Lesen und Träumen.

Ich bin begeistert, und in meinem Kopf rattert es mächtig.

Angelina und Julian könnten sich hier wunderbar beschäftigen. Sie werden viel Spaß haben und bestimmt häufiger hierherkommen als in eine kleine Wohnung in irgendeiner Innenstadt. Der See verspricht ein spannendes Freizeitprogramm. Im Sommer können sie schwimmen gehen und sich im Sand aalen, im Winter reiten und im Schnee wandern. Ich bin richtig fasziniert. Und das Beste: Es ist sogar erschwinglich. Ich kann es mir leisten.

Bevor ich am Abend nach Hause fahre, erbitte ich mir Bedenkzeit, weiß aber schon, dass ich die eigentlich gar nicht mehr brauche.

In der Woche darauf werde ich den Kaufvertrag unterschreiben.

Als ich einziehe, bin ich selig. Ich habe jetzt mein zwar kleines, aber eigenes Reich. Und genau, wie Hermann es prophezeit hat, werde ich mit offenen Armen empfangen. Die Menschen, die hier leben, egal, ob dauerhaft oder nur am Wochenende, sind immer in Urlaubsstimmung und dementsprechend gut gelaunt. Wenn ich morgens in meinen kleinen Vorgarten rolle und mir die Herbstsonne ins Gesicht scheint, könnte ich die ganze Welt umarmen, so gut geht es mir.

Ich verspüre nach all dem Elend der letzten Jahre endlich wieder Mut und Zuversicht. Meine Depressionen, die Ängste – ich bin mir sicher, dass ich hier alles in den Griff bekommen werde. Die herrliche Natur, die Ruhe, die Nähe zum See, all das ist wie Balsam für meine gequälte Seele. Und jetzt kommen noch diese offenen und fröhlichen Menschen dazu, die mir das Gefühl geben, schon immer dazuzugehören.

Ich fühle mich wie ein Teil einer großen, herzlichen Familie. Ich bin glücklich.

Meine direkte Nachbarin Nicky wird eine enge Freundin. Sie ist zehn Jahre älter als ich und Frührentnerin, eine eher unscheinbare Frau mit kurzen dunklen Haaren und ein paar Kilos zu viel auf den Hüften. Aber ich mag ihre anpackende, verlässliche Art. Sie ist viel bei mir und ungeheuer hilfsbereit. Sie bringt mir regelmäßig etwas aus dem Supermarkt mit und fragt mich auch sonst immer, ob ich Unterstützung bräuchte. Nicky ist eine Frau, die weiß, worauf es ankommt und immer ein offenes Ohr hat.

Auf der anderen Seite wohnt Dieter, der Reparateur meines Rollstuhls, der mir anbietet, die Rollos und alles Mögliche im Haus auf Vordermann zu bringen.

Karina lädt mich zu Kaffee und Kuchen ein und Olga zum Bridge. Ich kann mit Petra um den See fahren und mit Ute Minigolf spielen. Ich werde so oft eingeladen, dass ich für meine Termine schon fast einen Kalender brauche.

Einsamkeit ade. Es ist zu schön!

*

»Ich fühle mich wohl hier, ja. Tagsüber komme ich auch kaum zum Nachdenken, was wunderbar ist und mir die dunklen Gedanken vom Leib hält, aber nachts bin ich trotzdem allein!«

Hermann, der längst mein väterlicher Freund geworden ist, nippt an seinem Kaffee, sieht mich mitfühlend an.

»Denkst du an einen Partner? Du bist eine attraktive Frau, auch wenn …«

»Bloß nicht, Hermann«, unterbreche ich ihn. »Das ist es nicht. Ich will keinen Partner, aber – ich wünsche mir einen Hund!«

»Einen Hund? Aber Kerstin, entschuldige, dass ich so ehrlich bin. Du hast doch schon genug damit zu tun, dich selbst zu versorgen. Du kannst doch nicht auch noch die Verantwortung für ein Tier übernehmen.«

Hermann sieht mich kritisch an. Vermutlich überlegt er jetzt, ob ich wirklich noch ganz klar bin im Kopf.

»Ich weiß, Hermann, ich sehe die Probleme auch«, bestätige ich ihn. »Aber ich bin mit Tieren, speziell mit Hunden, aufgewachsen, habe mir immer ein Tier gewünscht, und nie hat es gepasst.«

»Das glaube ich gern«, wirft Hermann ein. »Du hattest zwei Kinder und mit Angelina allein schon mehr als genug zu tun.«

»Richtig, aber ich hätte schon für die Kinder gern einen Hund gehabt. Doch in meiner Wohnung war Hundehaltung nicht erlaubt.«

»Und hier? Ist es hier erlaubt?«

Ich nicke und greife zögerlich nach meinem PC.

»Komm mal rüber, Hermann!«, bitte ich ihn und drehe ihm den Bildschirm zu.

»Hier, lies mal, die Anzeige habe ich vor ein paar Tagen auf eBay entdeckt.«

»Australian-Shepherd-Mix abzugeben!«

Hermann lehnt sich überrascht zurück.

»Sag mal, habe ich hier etwas verpasst!«

Er sieht mich streng an.

»Wie willst du dich denn um ein Tier kümmern?«

»Hier, sieh mal!«

Mit ein paar Klicks rufe ich eine Seite auf, die geeignete Hunderassen für Rollstuhlfahrer vorstellt.

»Lies mal, ein Australian Shepherd steht auch auf der Liste, und ich mag die Rasse eben gern. Es geht also.«

»Wenn du einen Hund möchtest, brauchst du einen behindertengerecht ausgebildeten Assistenzhund.«

»Ja, das wäre klasse. Aber den kann ich nicht bezahlen«, antworte ich und merke, dass meine Stimme richtig schnippisch klingt.

»Verzeih, Hermann«, entschuldige ich mich sofort. »Ich wünsche mir nur so sehr einen kleinen Begleiter.«

Ganz vertraut lehne ich meinen Kopf an seine Schulter. »Klar habe ich hier Freunde«, erzähle ich weiter. »Aber ich habe niemanden, der wirklich zu mir gehört. Ich wünsche mir einen Gefährten, einen Vertrauten, ein Lebewesen, das mir ganz nah ist.«

Ich sehe Hermann fast schon hilfesuchend an.

»Mensch, Hermann, du weißt doch genau, was ich meine.«

Er atmet tief durch, dann legt er mir seine schwere Hand auf die Schulter, nickt.

»Ja, klar weiß ich das. Komm, dann zeig mal her! Wo sind denn die Hunde? … Wir fahren einfach mal hin und sehen sie uns an.«

»Du bist ein Schatz, Hermann«, sage ich und nehme ihn überschwänglich in den Arm.

Und gleich im Anschluss greife ich mein Handy und tippe die Telefonnummer ein. Ich freue mich so sehr.

Knappe zwei Stunden später sitzen wir schon auf der Terrasse eines gepflegten Bauernhofes in der Nähe von Gütersloh, und zu unseren Füßen wuseln sechs Welpen vergnügt durcheinander.

Allein der süßen Bande zuzusehen, tut meiner Seele richtig gut. Zwei der putzigen Tierchen knabbern an meinen Füßen. Eines schnuppert das Rad meines Rollstuhls ab. Wenn ich die Tiere beobachte, fehlt mir rein gar nichts mehr. Ich spüre keinen Schmerz, habe keine Ängste, ich versinke ganz in dieser putzig-niedlichen kleinen Hundewelt.

»Es sind vier Mädels und zwei Jungs«, sagt mir der Bauer, ein untersetzter Mann um die vierzig, lässig gekleidet in Jeans und rotem Sweatshirt, während er uns zwei Kaffeebecher auf den Tisch stellt.

»Die sehen gar nicht aus wie Australian Shepherds« fällt mir auf.

»Stimmt, nicht alle zumindest. Bei den Jungs hat sich die Beagle-Mama durchgesetzt.«

»Ich mag keine Beagle, absolut nicht«, flüstere ich Hermann zu, als der Bauer für einen Moment verschwindet, weil das Telefon klingelt.

»Wie, du magst keine Beagle? Die sind doch süß«, versucht mich Hermann umzustimmen, während er sich Zucker in den Kaffee rührt.

»Süß ja, aber ich möchte einen, der aussieht wie ein Australian Shepherd und nicht wie ein Beagle. Darum bin ich ja hier.«

»Jetzt sind alle Mädels weg!« Bauer Lehmann steht wieder vor uns. »Tut mir leid, aber ich kann Ihnen nur noch einen der beiden Jungs anbieten. Das war gerade eine Interessentin, die sich für das letzte Mädchen entschieden hat. Die andere Kleine ist schon reserviert.«

»Ach, sieh mal, der ist doch total süß!« Hermann beugt sich zu dem quirligen Gespann und nimmt einen der kleinen Rüden hoch und legt ihn mir in den Arm.

Er sieht merkwürdig aus, der kleine Kerl. Er hat einen riesengroßen Kopf und einen im Verhältnis viel zu kleinen Körper – und zwischen seinen Ohren wächst ihm ein Büschel weißer Haare auf dem Kopf.

»Niedlich – ja klar ist er niedlich, sehr sogar«, sage ich, in Gedanken versunken. Ich ahne schon, dass ich mich wahrscheinlich schnell in die süße Fellnase hier verlieben werde. Aber ich träume doch nun mal von einem Australian Shepherd …

»Komm, Hermann, lass uns darüber nachdenken!«, sage ich dann leise und setze den kleinen Kerl vorsichtig wieder auf den Boden zu seinen Geschwistern zurück.

Doch das Hundebaby will genau das nicht. Es muss ihm wunderbar in meinem Arm gefallen haben, jedenfalls springt der Kleine sofort an meinem Bein hoch, kratzt mit seinen winzigen Pfötchen ganz herzig an meinem Schienbein und fiept dabei herzerweichend.

»Na, mein Kleiner, das geht aber nicht«, sage ich liebevoll und rutsche jetzt zu ihm auf den Boden. »Du kannst nicht mit, Süßer, aber du wirst bestimmt ein ganz tolles Frauchen finden, das maßgeschneidert für dich ist.«

Das Kerlchen ist jetzt richtig außer sich. Er springt wie ein Flummi an meinem Arm hoch, ja, sogar bis zu meinem Gesicht, und versucht, mich abzuschlecken.

»Jetzt ist aber gut«, lache ich und versuche, mit einer Hand das winzige Fellknäuel abzuwehren. Doch meinen kleinen Gefährten interessiert das nicht.

Aber er ist jetzt ganz ruhig, legt sich in meinen Schoß, kringelt sich ein und scheint mit dem Kopf an meinem Schenkel wohlig wegzunicken.

Ich sehe Hilfe suchend Hermann an. Der verdreht lächelnd die Augen. Ich weiß genau, was er jetzt denkt.

»Das ist dein Hund!«, steht quasi in unsichtbaren Buchstaben auf seiner Stirn geschrieben.

Ich lege meine beiden Hände auf das kleine Stückchen Leben auf meinen Schenkeln. Sein warmer Körper atmet so ruhig, so friedlich. Er vertraut mir. Er kennt noch nichts Böses. Er ist so unschuldig und vertrauensselig wie alle Babys auf dieser Welt. Soll ich ihn jetzt aus seinem seligen Schlummer aufwecken und einfach wegschieben?

»Hermann?«, frage ich immer noch Hilfe suchend.

Der zuckt mit den Schultern.

Ich sehe einen Moment lang zum Himmel, so, als erhoffte ich mir Schützenhilfe von ganz oben. Dann resigniere ich.

»Ich nehme ihn«, sage ich mit fester Stimme.

»Aber ich akzeptiere nur Bargeld!«, sagt der Bauer sofort.

Jetzt hätte ich einen Rückzieher machen können und »Verdammt, ich habe kein Bargeld hier« murmeln können. Stattdessen sage ich nur: »Kein Problem, ich habe genug dabei.«

Damit ist die »Falle« zugeschnappt, und ich bin stolze und glückliche Besitzerin eines Beagle-ähnlichen Mischlingsrüden. Oh Mann!

Fünfhundert Euro zahle ich für das kleine Fellknäuel. Als ich das Geld in die derbe Bauernhand zähle, durchströmt mich mit jedem weggegebenen Schein ein noch größeres Glück.

Der kleine Hund schmiegt sich an meine Brust und genießt die Wärme, die ich ihm gebe. Ich umschließe ihn mit meiner rechten Hand, drücke ihn sanft an meinen Pulli. »Fühl dich geborgen, kleines Wesen«, flüstere ich in die winzigen Fellöhrchen, und es ist kaum zu glauben, aber mein Mini-Familienzuwachs hat schon wieder seine Äuglein fest geschlossen und schnurrt so friedlich wie ein Engelchen.

»Wollen wir?«, fragt Hermann. Ich nicke und gebe dem Bauern meine freie rechte Hand zum Abschied.

»Danke für das süße Hundebaby«, sage ich lächelnd. »Er wird es gut haben bei mir!«

»Das sehe ich!«, meint dieser, und als ich brav hinter Hermann zum Ausgang rolle, bin ich mehr als selig.

»Wie soll er denn heißen, dein drittes Kind!«, zieht mich Hermann schon an der Straße auf.

Ich bin so vertieft darin, meinen kleinen Hund zu beobachten, dass ich ihm gar nicht zugehört habe.

»Kerstin, hallo?«, bohrt Hermann nach. »Huhu, bist du noch da?« Er schnippt mir mit dem Finger vor den Augen, ruft laut. »Zapp« und »Wo bist du?«, und ich sehe ihn selig verklärt an. »Ich? Verzeih, ich bin in einer anderen Welt.«

Und dann wickle ich den kleinen Hund in meinen Schal, den ich um meine Hüfte verknote.

»Hermann, aber du weißt doch, wie sehr ich mir einen Hund gewünscht habe. Jetzt habe ich ihn. Damit ist ein riesengroßer Traum in Erfüllung gegangen.«

Und während ich spreche, streichle ich mit den Fingerspitzen seine kleinen feinen Härchen im Gesicht. »Eigentlich finde ich ihn überhaupt nicht schön, sieh doch mal, er sieht komisch aus. Komisch und süß zugleich.«

»Ach papperlapapp, der ist süß, du hattest dich nur auf einen Australian Shepherd versteift. Der ist wirklich niedlich. Aber ich habe dich gefragt, wie er heißen soll?«

»Marley«, sprudelt es aus mir heraus.

»Er soll Marley heißen«, wiederhole ich und spreche ohne Pause gleich weiter. »Ich habe mit Angelina diesen Film gesehen, ›Marley & ich‹, du weißt schon, den Familienstreifen. Diesen amerikanischen Kassenschlager. Damals habe ich ihr beim Hinausgehen versprochen, dass wir, sollten wir jemals einen Hund haben, diesen Marley nennen würden.«

Hermann bleibt stehen, sieht in das von mir zusammengewuselte Tuch, in dem friedlich das Hundebaby liegt.

»Also, heute Abend taufen wir dich auf den Namen Marley!«

»Genau, und jetzt gehen wir einkaufen. Immerhin bin ich gerade Mutter geworden und brauche eine Erstausstattung.«

*

Ich bin erschöpft. Marley muss alle zwei Stunden raus. Eigentlich ist das kein Problem. Ich wohne ja ebenerdig und habe ein kleines eigenes Grundstück vor dem Haus mit einer für die Bedürfnisse eines Welpen idealen Rasenfläche. Aber ich bin nun mal an den Rollstuhl gebunden, und dadurch wird es schwierig. Wenn der Kleine unruhig ist und fiept, brauche ich zu viel Zeit. Ich kann ihn nicht – schwups – hochheben und nach draußen tragen. Ich muss mit dem Rollstuhl erst eine geeignete Position finden, um mich weit genug hinausbeugen zu können, damit ich meinen kleinen Marley greifen kann.

Er ist ein wildes, verspieltes, vierbeiniges Kind. Das kann dauern. Meistens hüpft er erst noch schwanzwedelnd im Zimmer herum, versucht übermütig, eines der vielen Spielzeuge zu erhaschen und mir vor die Füße zu legen. Und wenn ich ihn dann endlich schnappe und auf meinen Schoß hebe, muss ich ob der Enge den Rollstuhl mit einer Hand rangieren, weil ich mit der anderen das Tier festhalte. Tür aufschließen, öffnen, rausrollen und wieder eine Position finden, in der ich Marley zwar auf den Boden setzen, aber noch an der Leine halten kann.

Das dauert – zu lange für eine Hundebaby-Blase. Marley kann nicht so lange warten, er pullert einfach schon los, meistens direkt auf das Laminat, manchmal auch noch zeitiger auf meine Beine.

Ich merke schnell, dass es so nicht geht. Also versuche ich, die wenigen Schritte mit einer Krücke zu schaffen und auf meinem halbwegs gesunden Bein hinaus ins Freie zu hüpfen. Marley ist klein und wiegt nicht viel. Ich kann ihn mir schnell unter den Arm klemmen. Aber das gesunde Bein ist kaum trainiert und hält mich nicht wirklich aufrecht. Ich stütze mich mit der Krücke ab, habe aber immer Angst hinzufallen. Was dann? Aber ich muss es trotzdem versuchen. Marley zuliebe. Und so hüpfe ich mit angespanntem Gesicht Richtung Ausgang.

Natürlich fällt auch den anderen Leuten hier im Park auf, wie sehr ich mich quälen muss. Einige haben mir schon ihre Hilfe angeboten. Aber das bringt nichts. Ein Hundebaby muss alle zwei Stunden raus. Das kann mir niemand abnehmen.

»Mensch, Kerstin, das war übereilt. Bring den Hund doch zurück. Es ist Wahnsinn, dass du dich damit belastest!«

Nicky steht heute an der Gartentür und beobachtet skeptisch, wie ich versuche, hüpfend den Hund in den Garten zu bringen, was mir allerdings nicht wirklich gelingt. Marley ist von der ganzen Herumspringerei so irritiert, dass er gleich lospieselt und dummerweise vergisst, dass er noch bei mir auf dem Arm ist.

Nicky schüttelt jetzt den Kopf.

»Kerstin, das geht doch nicht! Sei vernünftig. Gib ihn zurück. Du kannst dich nicht auch noch mit einem jungen Hund belasten.«

Während ich Marley auf den Rasen setze und mich mit einem Feuchttuch abtupfe, sehe ich sie fragend an.

»Was meinst du mit: ›Gib ihn ab.‹ Es ist mein Hund. Den habe ich doch nicht zur Probe mit Umtauschrecht gekauft.«

»Aber wenn es nicht geht, ist es besser, rechtzeitig die Notbremse zu ziehen. Noch hat sich der Kleine nicht an dich gewöhnt. Je länger du ihn behältst, desto schlimmer ist der Abschied für das Tier.«

»Und für mich ist es das jetzt schon«, entgegne ich ihr und höre selbst, wie trotzig meine Stimme klingt.

Während ich weitere Haushaltstücher aus der Packung zupfe, spüre ich, dass mir heiße Tränen über die Wangen laufen.

Verdammt, ich will nicht heulen. Aber der ganze Stress mit Marley setzt mir schon zu. Und jetzt steht hier auch noch Nicky, die mir sagt, dass ich mich nicht um meinen Hund kümmern könne.

»Aber ich hänge doch an Marley«, flenne ich leise und kann kaum klar sprechen, weil ich innerlich so erschüttert bin. »Es kann doch nicht sein, dass ich nicht mal mehr einen Hund haben darf. Ich habe doch schon alles verloren, was mir lieb war.«

Nicky wirkt sichtbar betreten. Ich weiß, sie wollte mich nicht verletzen. Aber sie gibt auch keine Ruhe, redet weiter auf mich ein.

»Kerstin, ich weiß, aber du musst auch an das Tier denken. Es kann von dir einfach nicht richtig versorgt werden …«

Nicky legt mir jetzt ihre Hand auf die Schulter. »Komm mal her, meine Liebe. Lass dich in den Arm nehmen. Vielleicht kaufen wir dir ein anderes Tier, das keinen Auslauf braucht.«

»Nein«, sage ich jetzt, wische mir energisch die Tränen weg und zische sie richtiggehend an. »Ich gebe ihn nicht weg! Und dich geht das hier alles sowieso nichts an.«

»Das ist egoistisch«, faucht Nicky zurück.

Ein Satz, der mich erneut zutiefst verletzt. Und deshalb wehre ich mich auch. »Nein, das ist es nicht. Ich kriege das schon hin.«

»Das ist doch Wahnsinn. Du hast dich da in etwas verrannt«, setzt Nicky noch nach.

Bevor wir uns richtig in die Haare kriegen, bekomme ich zum Glück Unterstützung: Hermann steht im Garten.

»Kerstin, du schaffst das schon«, meint er. »Du musst nur deine Muskeln etwas mehr trainieren!«

Offenbar hat er das Spektakel schon länger beobachtet, und wie es seine Art ist, plappert er nicht einfach drauflos, sondern hat eine Lösung parat. »Ich besorge dir einen Beintrainer. Du wirst sehen, dann kannst du bald besser auf deinem gesunden Bein stehen, und alles ist gut.«

»Einen Beintrainer? Gibt es das denn?«, frage ich neugierig nach, wechsle schnell das Thema und lasse Nicky bewusst links liegen.

Ich bin sauer. Sie soll sich bloß nicht einbilden, dass sie mich überfahren kann. Ich bin zwar auf den Rollstuhl angewiesen, aber nicht plemplem. Mein Kopf funktioniert noch sehr gut.

Hermann zwinkert mir zu. »Ich regle das, und du machst

dir einen guten Morgenkaffee und bleibst mal schön entspannt.«

Ich bin erleichtert, und während Nicky sich aus dem Staub mach, streichle ich Marley liebevoll. »Alles gut, Kleiner. Es wird alles gut. Keiner nimmt dich mir weg.«

Zwei Stunden später steht das Ding bereits vor meinem Sofa, und ich bin restlos begeistert. Hermann hat es sofort in einem Sportgeschäft gekauft. Es ist quasi ein Fahrrad ohne Räder, hat zwei Pedale mit einem Laufwerk in der Mitte. Man kann es auf den Boden stellen und vom Sofa oder Sessel aus auf der Stelle radeln.

Das Ziel ist klar definiert: Es trainiert die Beinmuskeln, ohne das Bein zu belasten. Ich kann damit zumindest das gesunde rechte Bein trainieren und kräftigen. Das linke darf nur langsam mitradeln. Aber ich kann mit der Ferse die Pedale ganz vorsichtig so betätigen, dass der Schmerz erträglich ist. Das ist ein Anfang.

Ich bin begeistert und strample noch am selben Tag los. Dabei läuft der Fernseher. Ich liebe Liebesfilme und bin ganz versunken in die Handlung. Marley schläft die ganze Zeit entspannt zu meinen Füßen. Ich radle bereits beim ersten Mal umgerechnet einmal um den See, das sind vier Kilometer. Ich bin so ehrgeizig, weil ich zeigen will, dass ich es schaffen kann. Ich kann Marley versorgen, und zwar erstklassig. Er wird schon bald in Windeseile in den Garten können.

»Gib mir noch etwas Zeit«, keuche ich, während ich immer schneller in die Pedale trete. Marley hebt seine Augenbraue und sieht mir zu, wie ich schwitzend den persönlichen Rekord brechen möchte. Als ich meine vorgegebene Etappe abgeradelt habe, klopfe ich mir einmal kurz auf die Schenkel.

Für Marley ist das das Startzeichen. »Komm her, mein

Schatz«, murmle ich, und dann sitzt er auch schon auf meinem Schoß und lehnt sich an mein vor Anstrengung wild pochendes Herz.

Wir werden ein gutes Team werden. Ich will ihn nicht verlieren.

Kapitel 7

»Es tut mir leid, ich kann Ihren Marley nicht impfen. Er ist nicht gesund.«

Ich bin bei einer Tierärztin ganz in der Nähe, Frau Dr. Schütze, eine junge Frau mit kurzen schwarzen Haaren, die ihre hochmoderne Praxis erst neulich eröffnet hat. Sie ist mir von zwei Hundehaltern empfohlen worden, und ich fühle mich bei ihr sehr gut aufgehoben. Sie ist freundlich zu mir und sehr liebevoll zu Marley. Und sie ist engagiert. Eine richtige Tiernärrin, das merkt man sofort. Sie behandelt Marley nicht, nein, sie kümmert sich intensiv um ihn.

Eigentlich wollte ich Marley nur schnell chipen und impfen lassen. Doch statt in wenigen Minuten wieder draußen zu sein, bin ich jetzt schon über eine Stunde hier, und Marley ist in dieser Zeit komplett durchgecheckt worden.

»Da stimmt etwas nicht«, hatte Frau Dr. Schütze sofort gesagt, als sie ihn abhörte. »Die Herztöne …«

Ich habe dem zuerst keine Bedeutung beigemessen. Marley ist doch ein gesundes, fröhliches Tier. Zumindest dachte ich das.

Doch dann hat sie alles Mögliche mit ihm angestellt, und nun steht sie vor mir und sieht mich unerwartet ernst an.

»Was fehlt ihm denn?«, frage ich und japse dabei aufgeregt nach Luft. Ich habe Angst um meinen kleinen Freund, der auf dem Untersuchungstisch steht und mich etwas bedröppelt ansieht. Nach allem, was man mit ihm angestellt hat, spürt er natürlich, dass etwas nicht stimmt, und vor allen Dingen, dass es um ihn geht.

Ich streichle ihm sanft über den Kopf, knuddle seine puscheligen Ohren, und dann hake ich nach.

»Was ist denn mit ihm? Er wirkt doch so lebendig.«

Die Ärztin nickt. »Das stimmt. Aber er ist leider nicht gesund. Marley hat einen angeborenen Herzfehler, er hat ein Loch in der Herzscheidewand.«

»Und was heißt das«, schießt es aus mir heraus, ohne ihre Erklärung abzuwarten.

»Man kann erst einmal abwarten. Bei vielen Tieren schließt sich das Loch, wenn sie wachsen. Es kann also in einem Jahr alles ganz anders aussehen. Wir müssen ihm etwas Zeit geben.«

Ein Loch im Herzen? Ich weiß nicht wirklich, was das bedeutet, und vor lauter Aufregung kann ich meinen Redefluss nicht stoppen. »Es gibt doch bestimmt Tabletten. Oder helfen die nicht?«, plappere ich weiter drauflos. »Eine Operation? Kann man Hunde am Herzen operieren? Die Medizin ist doch heute so weit. Man kann ihm bestimmt helfen, nicht wahr?«

»Tabletten gibt es nicht. Aber natürlich kann man über eine Operation nachdenken!«, sagt die Ärztin, und ich sehe ihr an, dass sie mich beruhigen will. »Aber das ist zum jetzigen Zeitpunkt noch zu früh. Lassen Sie uns etwas warten …«

Sie sieht mich fragend an.

»Würden Sie denn das Geld für einen eventuell notwendigen Eingriff ausgeben wollen?«

Ich muss nicht lange überlegen.

»Natürlich. Ich habe diesen kleinen Kerl gekauft und damit die Verantwortung für ihn übernommen. Wenn er krank ist, bekommt er Hilfe.«

»Gut, dann behalten wir das im Hinterkopf. Aber wie

schon gesagt, wir haben noch Zeit. Vielleicht berappelt er sich ja von selbst, und Sie müssen sich überhaupt keine Gedanken mehr machen … Wo haben Sie das Tier denn her?«, wechselt sie dann das Thema. »Ich weiß nicht, wie viel sie bezahlt haben, aber das müssen Sie dem Verkäufer sagen. Er hätte Ihnen das kranke Tier nicht verkaufen dürfen.«

»Wie, nicht verkaufen dürfen? Das sieht man ihm doch nicht an.«

»Das stimmt, und vermutlich war es auch keine Absicht. Aber Sie können sich das Geld zurückzahlen lassen. Ich schreibe Ihnen ein kleines Gutachten. Es kann sein, dass der Hund hohe Behandlungskosten verursachen wird, vielleicht lebenslang eine Behandlung braucht. Das müssen Sie wissen, und Sie können versuchen, sich beim Züchter entschädigen zu lassen. Viele nehmen das kranke Tier auch anstandslos zurück.«

»Wie soll das denn gehen? Ich kann ihn doch nicht einfach zurückgeben und umtauschen. Er ist doch kein Pullover, der eine aufgerissene Naht hat.«

Die Ärztin nickt. »Das verstehe ich. Ich möchte Ihnen nur sagen, wie es um das Tier steht und was mit dem Hund eventuell auf Sie zukommt. Das wird vermutlich teuer werden. Entscheiden, wie es weitergeht, müssen Sie.«

Teuer? Entschädigung? Rückgabe? Die Worte knallen mir um die Ohren, und ich fühle mich völlig überrumpelt.

»Ich fahre jetzt erst einmal mit ihm nach Hause«, sage ich, um mich aus dieser schlimmen Situation zu befreien. Ich brauche nun Zeit. Zeit und Ruhe.

Die Tierärztin setzt mir meinen Marley wieder auf den Boden und gibt mir die Hand.

»Er ist ein ganz süßes Tier, Ihr Marley. Ich weiß, dass Sie ihn nicht zurückgeben. Ich würde es auch nicht tun.«

»Muss ich noch etwas berücksichtigen?«

»Ja, er darf sich nicht überanstrengen oder gar auspowern. Fordern Sie ihn nicht zu intensiv. Er muss sich schonen.«

Als ich mit Marley auf dem Arm zurück zum Auto rolle, kullern mir die Tränen. Was würde wohl aus ihm? Würde er eine Chance haben?

Ich drücke den kleinen Kerl an mich, vergrabe mein Gesicht in seinem weichen Fell. Marley leckt mir die Hand. Meine Güte, er ist doch noch ein Baby und vertraut mir, schießt es mir durch den Kopf. Ich kann ihn doch nicht einfach seinem Schicksal überlassen.

Als ich ihn auf den Rücksitz in seine Kiste setze, sieht er mich schwanzwedelnd an.

»Kleiner Marley, du bist nicht allein, niemals!«, flüstere ich leise. Er scheint es zu verstehen, denn er legt ganz aufmerksam den Kopf zur Seite und blickt mich mit seinen treuen dunkelbrauen Augen an. Ich stupse ihm mit dem Zeigefinger auf sein kleines Näschen. »Kopf hoch, Süßer. Wir sind beide nicht ganz gesund, aber gemeinsam sind wir ganz stark.«

Ich wische mir die Tränen aus dem Gesicht und setze mich hinter das Steuer. Auf dem langen Weg nach Hause geht mir so vieles durch den Kopf. Ich wollte nur ein bisschen Liebe geben und bekommen. Aber bei mir geht nicht einmal das glatt. Doch eins ist sicher: Marley und mich bringt nichts auseinander.

Zurück zu Hause rufe ich den Bauern an, von dem ich Marley habe, und erzähle ihm von seiner Krankheit.

»Das tut mir leid«, sagt er sofort, klingt dabei aber wenig mitfühlend. »Bringen Sie ihn zurück, und ich gebe Ihnen selbstverständlich auch das Geld zurück.«

Ich bin überrascht, dass er sofort einlenkt.

»Wann kommen Sie, noch heute?«, will er wissen.

»Was machen Sie denn mit einem kranken Tier?«, frage ich, obwohl ich die Antwort längst weiß. Ich komme von einem Bauernhof. Mit Tieren ging man dort nicht sonderlich zimperlich um.

»Na, was schon?«, weicht er aus. »Ich kann mir keinen kranken Hund ans Bein binden. Sie haben doch erlebt, was bei mir los ist. Aber das soll nicht Ihr Problem sein.«

»Ist es aber«, sage ich schnell. »Ich möchte das Tier nicht zurückbringen, aber ich möchte, dass sie mir das Geld erstatten. Ich habe hohe Tierarztkosten, und das Geld würde mir etwas helfen.«

Er ist auch dafür offen. Es ist ihm ganz offenbar völlig egal, was mit Marley passiert. Er soll nur keine Mühe machen.

Während ich telefoniere, liegt der Hund an mich gekuschelt auf dem Sofa und schlummert friedlich.

Hier wird gerade eiskalt über sein Leben entschieden, und er weiß es nicht. Ich könnte jetzt aufstehen, ihn ins Auto packen und wegfahren, und vermutlich wäre er heute Abend schon tot. Ertränkt? An die Wand geworfen? Mit einem Knüppel erschlagen? Ich glaube nicht, dass sich der Bauer die Mühe machen würde, ihn beim Tierarzt einschläfern zu lassen. Mit Marley würde kurzer Prozess gemacht. Da bin ich mir ganz sicher.

Ich sehe, wie sich sein kleiner Brustkorb entspannt hebt und senkt. Es ist so ein unschuldiges junges Leben. Erst wenige Wochen auf der Welt, würde er jetzt einfach entsorgt werden wie Ausschussware vom Band.

Ich bin froh, dass er sich für mich entschieden hat. Vielleicht hätte sich ein anderer Besitzer ganz anders entschieden.

»Hast Glück mit mir gehabt, Kleiner«, flüstere ich und lege

meine Hand unter sein Köpfchen, streichle ihm mit der anderen über die Ohren.

Er blinzelt mich schlaftrunken an.

»Marley, mein Schatz«, flüstere ich. »Wir beiden sind ein Team, und wir gehen jeden Weg gemeinsam. Wenn es sein muss, auch in die Hölle und zurück. Hast du mich verstanden?«

Marley wedelt zweimal mit dem Schwänzchen und schließt dann wieder selig die Äuglein. Er hat es verstanden.

Er darf leben, auch mit seiner Behinderung. Wir sind beide anders, eben gehandicapt. Niemand glaubt an uns, weil wir Mühe machen, mehr Aufmerksamkeit brauchen, Geld kosten und anders reagieren, als es gesunde Lebewesen tun. Aber das macht uns auch zu etwas ganz Besonderem.

In der Nacht liege ich im Bett noch lange wach. Ich überlege mir, wie mein Leben mit Marley aussehen kann. Die Ärztin hat gesagt, er dürfe sich nicht zu sehr anstrengen. Ich solle lieber mehrmals täglich mit ihm kurze Strecken absolvieren, als auf einmal lange Strecken zurückzulegen. Und er müsse hochwertiges Futter bekommen und nicht zu viel Flüssigkeit. Ich werde all das berücksichtigen. Denn wenn es gut geht, kann er zehn Jahre alt werden. Es ist eine ordentliche Zeitspanne, die vor uns beiden liegt.

*

»Das kann doch nicht wahr sein!« Nicky läuft unruhig und mit den Händen fuchtelnd in meinem Wohnzimmer auf und ab. Ich habe ihr gerade erzählt, dass Marley krank sei, und eigentlich damit gerechnet, dass sie ihn herzt und streichelt. Stattdessen regt sie sich auf und redet nur von mir und wie schlimm es mir mit Marley gehe. Langsam bin ich richtig genervt davon.

»Du bist schwer krank, kannst dich kaum rühren und halst dir dann einen ebenfalls schwer kranken Hund auf. Das ist doch Wahnsinn«, stichelt sie.

»Ich schaffe das schon. Mach dir keine Sorgen. Ich werde dich jedenfalls auf keinen Fall belästigen«, sage ich fuchsig.

»Darum geht es doch gar nicht«, wettert Nicky gleich weiter. »Es geht nicht darum, dir zu helfen oder nicht. Ich bin gern für dich da, immer. Das weißt du. Aber ein kranker Hund tut dir nicht gut.«

»Ach, was tut mir denn gut?«, frage ich, viel zu patzig. »Glaubst du, dass du das weißt?«

»Wenn du in deiner Situation unbedingt ein Tier möchtest, brauchst du ein gesundes, unkompliziertes. Ein Tier, das Freude schenkt, wenig Arbeit macht und mit dir kuschelt.«

»Mensch, Nicky, hörst du dir eigentlich mal selbst zu?« Meine Stimme klingt unwirsch. »Wenn es nach dir geht, sollte ich mir ein Steiftier zulegen. Das kann man ins Regal stellen. Ich will aber etwas, das lebt, und ein Hund ist keine Maschine, sondern ein Lebewesen. Das funktioniert nicht einfach.«

»Aber dann brauchst du es nicht!«

»Ach so, weil ich eine Behinderung habe, bin ich eine empathische Null. Nein, meine Liebe, auch Rollstuhlfahrer haben Emotionen und sind nicht bekloppt. Ich möchte einen Gefährten an meiner Seite, ein Lebewesen, das so ist, wie es ist. Ich brauche kein Spielzeug aus Plastik, das weder riecht noch sonst irgendwie Probleme macht.«

Ich bin jetzt richtig sauer.

»Du gehörst zu der Sorte Mensch, die alles, was Arbeit

macht, nicht gebrauchen kann. Was hättest du denn mit Angelina gemacht? Abgeschoben? Und was möchtest du mit mir machen? In deinen Augen bin ich vermutlich auch am besten in einem Heim aufgehoben.«

Ich merke selbst, dass ich völlig über das Ziel hinausschieße und unfair bin. Aber die Schmerzen, die Medikamente und der ständige Kampf um ein lebenswertes Leben lassen mich manchmal aufbrausend und ungerecht sein.

»Ach, dir ist nicht zu helfen«, motzt Nicky und will offenbar wutschnaubend aus dem Haus gehen.

»Weißt du was, ein behinderter Hund hat auch ein Recht zu leben. Ich bereite diesem armen Tier eine schöne Lebenszeit. Ich weiß nicht, wie alt er wird, aber die Jahre mit mir werden eine einzige Freude für ihn sein.«

»Du bist ja verrückt!«

»Du kannst von mir denken, was du willst«, zische ich. »Aber ich behalte meinen Hund, und wenn du mir alles Mögliche an den Kopf wirfst. Marley bleibt hier, basta.«

»Was sagt eigentlich Julian dazu?«, will Nicky da wissen. »Und Bernd?«

»Nicky, es reicht jetzt. Auch wenn ich im Rollstuhl leben muss, kann ich meine Entscheidungen doch noch allein treffen. Ich muss weder meinen Noch-Ehemann noch meinen Sohn fragen …«

Ich koche vor Wut.

»Ich möchte nicht wie ein Pflegefall behandelt werden«, murre ich weiter. »Ständig mischt sich jeder in mein Leben ein. Das ist jetzt vorbei, ein für alle Mal.«

Nicky ist ebenfalls richtig sauer. Sie reißt wütend die Haustür auf und stürzt ins Freie.

»Wir lassen sie gehen«, sage ich leise zu Marley, der die

ganze Zeit über unseren merkwürdigen Schlagabtausch mit seinen Blicken verfolgt hat.

»Gut, dass du nicht weißt, worüber sie sich gerade so aufgeregt hat«, brummle ich vor mich hin, lächle dann aber Marley fröhlich an. »Bei euch Hunden gibt's ja auch Idioten …«

Als Marley später friedlich in seinem Körbchen schlummert, geht mir die Auseinandersetzung mit Nicky nicht mehr aus dem Kopf. Sie ist meine beste Freundin hier, und ich bin mir sicher, dass sie mich nur schützen will. Sie will mich nicht verletzen. Sie hat nur Sorge, dass mir das alles zu viel wird. Ich werde mich nachher bei ihr entschuldigen.

Aber an meiner Haltung ändert das nichts. Damit muss sie leben.

*

»So, Marley, jetzt müssen wir zeigen, dass wir ein Team sind!«

Ich parke meinen Wagen vor dem Hundezentrum Dinkelblick in Gronau. Marley sitzt angeschnallt auf dem Rücksitz, und unsere Blicke treffen sich im Rückspiegel.

Mein kleines wildes Powerpaket ist die letzten Minuten ganz still geworden und hat sich zum ersten Mal während einer Autofahrt brav hingelegt.

»Du scheinst den siebten Sinn zu haben«, sage ich laut, und Marley scheint genau zuzuhören, zumindest legt er den Kopf nach links, so wie er es immer macht, wenn er aufmerksam ist.

Ich habe mich direkt bei Marion Terhaar, einer bekannten Tiertrainerin, angemeldet. Sie hat eine Hundezucht und ist darauf spezialisiert, Welpen mit einer Grunderziehung abzugeben. Die möchte ich Marley jetzt auch angedeihen lassen.

Ich habe eine Behinderung und muss mich auf meinen Hund mehr als andere verlassen können.

Marion ist super nett und hat mich eingeladen, ein paar Wochen zu ihr in den Welpengarten zu kommen. So nennt sie das regelmäßige Zusammentreffen von Hundehaltern und Tierchen.

Heute sind zwölf Welpen und ihre Besitzer da. Ich bin die Einzige, die im Rollstuhl sitzt, und werde von allen fröhlich begrüßt. Marion bringt uns geschickt zur Ruhe. Die Hunde müssen »Sitz« machen. Mich erinnert das ein wenig an einen Stuhlkreis.

Nach ein paar Minuten mit vielen freundlichen Begrüßungssätzen und einer kleinen Einführung werden die Tiere abgeleint und dürfen toben. Marley ist es gewohnt, mit anderen Hunden zusammen zu sein. Das kennt er vom See. Er spielt fröhlich und unbekümmert und genießt die vielen kleinen Vierbeiner-Freunde.

Später dürfen die Tiere ausruhen, und wir Besitzer werden geschult. Marion spricht locker und unterhaltsam, und ich lerne viel über Hundeerziehung. Das Fazit ist leicht verständlich: Ich solle weniger mit Marley reden und dafür konsequent handeln. Ich müsse ihm mit klaren Kommandos vermitteln, was ich von ihm wolle, und ihm, wenn es geklappt habe, ein gutes Gefühl geben und ihn in seinem Tun bestärken.

Marion verzichtet auf Leckerlis. Bei ihr bekommen die Tiere Zuwendung statt Essen. Das Konzept gefällt mir.

»Halte deinen Mini-Rebellen einfach fest, wenn er Unsinn macht. Das ist eine einfache, aber effektive Möglichkeit, um ihn zu erziehen«, erklärt mir Marion später noch einmal unter vier Augen. »Halte ihn fest, bis er entspannt ist. Und dann lockere die Hand. Das ist leicht umsetzbar und natürlich. Eine Hundemutter macht das auch.«

Zum Glück kann ich mich gut aus dem Rollstuhl beugen und Marions Tipp auch umsetzen. Und wirklich, Marley ist schon nach wenigen Augenblicken viel ruhiger. Ich bin zuversichtlich, dass wir es gemeinsam schaffen werden, den kleinen Racker richtig gut zu erziehen.

Ich komme fortan dreimal die Woche, und Marley macht wunderbare Fortschritte. Aber das Wichtigste liegt noch vor uns. Er muss am Rollstuhl laufen können. Wenn das nicht perfekt klappt, wird es gefährlich für uns beide.

»Du hast ein ganz gelehriges Kerlchen. Der wird das schnell hinbekommen«, ermuntert mich Marion, als ich mich zu einer Einzelstunde mit ihr verabrede. Als Erstes nimmt sie mir Marley ab, streichelt ihn liebevoll, spricht ihn ein paarmal mit seinem Namen an. Toll macht sie das. Denn Marley scheint sie sofort richtig anzuhimmeln.

Als sie mit ihm spazieren geht, trottet er brav wie ein Lämmchen neben ihr her und hat offenbar nur eines im Sinn: Er will ihr gefallen.

»Das möchte jeder Hund«, erklärt mir Marion. »Wer das berücksichtigt, kann jeden Hund leicht erziehen.«

Und es stimmt. Marley wirkt richtig betroffen, als sie ihm signalisiert, dass er zu sehr an der Leine zerre und damit etwas falsch mache. Mit einem kleinen Ruck an der Leine bringt sie ihn zurück »in die Spur«. Sowie er anschließend korrekt läuft, spricht sie ihn an, lobt ihn und tätschelt seinen Kopf. Marley ist klug, erkennt das Gewünschte schnell. Er ist lieb, weil er weiß, was es dann gibt: Zuwendung!

Ich bin fasziniert. Innerhalb von einer halben Stunde wird Marley mit Marions Hilfe ein Vorzeigehund. Er scheint in Benehmen die Note 1 anzupeilen und gibt sich wie ein richtiger Streber in der Schule die größte Mühe, Bestleistungen zu erbringen.

Als es bei Marion schon gut klappt, darf ich mit ihm üben. Natürlich sind die großen Räder für ihn auf den ersten Blick beängstigend, aber dank meiner sicheren Hand und einiger klarer Kommandos verliert er die Scheu, trabt zufrieden, sicher und stolz neben mir her. Er läuft so artig, als würde er dabei gefilmt. Es ist ein wahres Vergnügen. Wieder und wieder rolle ich über den großen Platz, mein Vorzeigehund an meiner Seite.

»So, warte mal, jetzt üben wir das Ganze noch mit Störungen«, sagt Marion und holt ihren Königspudel Ben auf den Platz. Marley soll lernen, sich beim Rollstuhlfahren nicht ablenken zu lassen, auch nicht von einem fröhlich wedelnden Riesenrüden.

Natürlich möchte er zu Ben, doch ein kurzer Ruck von mir, ein lobendes Wort, eine tätschelnde Hand, und nichts interessiert ihn mehr. Er möchte einfach nur lieb bleiben, gefallen, und ich bin unfassbar stolz auf meinen Vierbeiner.

Marion kommt auch zweimal zu mir nach Hause. Wir wollen üben, dass Marley nicht aus dem Haus läuft, wenn jemand vergisst, die Tür zu schließen.

Als sie am Törchen klingelt und er ihre Stimme hört, wedelt sein Schwänzchen wie wild, und als er sie sieht, setzt er sich sofort brav hin und holt sich seine Streicheleinheiten ab. Keine Frage, Marion hat das, was sich Hunde wünschen: natürliche Autorität. Und so reichen in den zwei Stunden bei mir jeweils ein paar Übungen, und Marley hört auf meine Begriffe »Fuß« und »Warte«.

Als nach Marions zweiter Trainingseinheit meine Tür aufgeht, legt Marley sich auf mein Kommando entspannt zu meinen Füßen. Später laufen draußen sogar eine Katze und ein Hund vorbei, eine Nachbarin trägt ein Kuchentablett, und ein Nachbar hält übungsweise ein für einen Hund mit Sicherheit besonders lecker duftendes Schinkenbrötchen in der Hand.

Doch Marley bleibt dort, wo ich ihn gern hätte, vor meinem Sofa, und passt auf sein Frauchen und sein Zuhause auf. Ich bin unendlich froh.

»Ich könnte dich knuddeln, weil du mir so viele Sorgen genommen hast«, sage ich beim Abschied zu Marion und drücke sie ganz fest. So lange hatte ich Angst, nicht für Marleys und meine Sicherheit garantieren zu können. Und jetzt, nur ein paar Wochen später, sind all die Sorgen verflogen. Mein Hund ist ein Musterschüler, und wir beide sind ein wahres Dream-Team. Ich bin so erleichtert.

Als ich Marion zu ihrem Auto begleite, reicht es, leise das Kommando »Platz« zu sagen, und Marley liegt zu meinen Füßen, sieht mich zufrieden an. Wir beide, wir schaffen alles!

*

Was für ein Tag! Ich döse in meinem schicken türkisfarbenen Bikini in der strahlenden Sommersonne, in der einen Hand halte ich einen leckeren Saft, in der anderen ein wunderbares Buch, eine Liebesgeschichte.

Es geht mir gut. Ich habe erreicht, was ich mir damals bei meinem Therapeuten, Herrn Bohlmann, erträumt habe. In meinem kleinen Gärtchen blühen glutrote Rosen, ein Flieder und ein Oleander. Ich lese ein Buch und lebe »den idealen Tag«.

Ja, ich habe meinen Traum sogar noch getoppt, denn unter meiner Liege liegt Marley im Schatten, und wir beide genießen das Faulsein. Ich höre meinen Hund ganz ruhig atmen und freue mich, dass es ihm bei der Wärme so gut geht. Die Tierärztin hat mir ja geraten, den Kleinen bei hohen Temperaturen nur wenig laufen zu lassen. Ich halte mich daran, und auch er spürt ganz offenbar, dass er sich bei so einem Wetter schonen muss.

Und so lassen wir es uns gemeinsam gut gehen. Ich verwöhne mich später noch mit einem Stückchen Kuchen, und Marley bekommt einen leckeren Kauknochen. Eigentlich ist es ein Traumtag.

Doch dann entdecke ich beim Aufstehen einen Blutfleck an meinem Bikinioberteil. Geschockt untersuche ich den Stoff. Das Blut kommt aus meiner rechten Brust. Aber ich kann mich doch unmöglich dort verletzt haben.

Unruhig setze ich mich in den Rollstuhl und rolle ins Haus. Ich brauche Gewissheit. Die habe ich wenige Momente später. Das Blut tropft tatsächlich aus meiner Brustwarze.

Mein Herz klopft ganz schnell. Ich habe Angst, furchtbare Angst.

Noch am Nachmittag lasse ich mich von Hermann in die Klinik fahren. Marley kann bei ihm bleiben. Er kümmert sich immer rührend um den Hund.

Bereits am nächsten Tag erhalte ich die Schockdiagnose. Ich habe Brustkrebs und muss sofort operiert werden. Alles geht so rasend schnell, dass ich kaum realisiere, was mit mir passiert. Eben lag ich noch in meinem Minigarten, hörte Musik und dachte, dass langsam alles wieder gut würde. Und jetzt bin ich erneut an einem Tiefpunkt angekommen und muss wieder kämpfen.

Ich weine viel während dieser Tage in der Klinik und spüre einmal mehr diese bleierne Hoffnungslosigkeit wie vor meiner Therapie. Ich möchte nur noch schlafen, aufgeben, endlich nicht mehr kämpfen müssen. Julian ist erwachsen, Angelina wird in ihrer Einrichtung bestens versorgt. Sie brauchen mich nicht mehr so wie früher.

Aber was soll aus Marley werden? Er ist für die nächste Zeit zwar bei Hermann untergekommen. Aber ich weiß auch, dass der ihn nicht dauerhaft versorgen kann. Er ist selbst nicht gut beieinander, leidet neuerdings an Rheuma und einem Augenleiden. Er möchte zu Recht keinen eigenen Hund. Und einen herzkranken Hund kann er noch weniger versorgen als ich.

Für Marley bleibt also längerfristig nur das Tierheim. Und dort wird er dann vermutlich bleiben müssen. Denn niemand nimmt ein Tier, dessen Medikamente und Arztbesuche monatlich so viel kosten.

Er wird irgendwann einfach dort eingehen. Schon aus Kummer. Denn Marley möchte bei mir sein. Wir gehören nun mal zusammen, sind eine Schicksalsgemeinschaft.

Nein! Ich kann mich auch jetzt nach dieser Horrordiagnose nicht einfach aus dem Staub machen. Das kann ich Marley nicht antun.

Und ich habe dieses Mal Glück. Die OP verläuft gut. Der Tumor sitzt im Milchkanal und hat sich verkapselt. Ich brauche keine Bestrahlung. Keine Chemo. Wenn alles weiterhin so glattläuft, dann darf ich in einer Woche schon wieder nach Hause. Das Schicksal hat mir nur einen Warnschuss verpasst. Ein Zeichen? Ich werte es so.

Aber ich will daraus lernen. Ich muss einfach aufhören, immer gleich das Allerschlimmste zu befürchten, und endlich mit mehr grundsätzlicher Zuversicht durch das Leben gehen.

Als ich entlassen werde, habe ich meine trüben Gedanken unter Kontrolle. Ich mache weiter. Jetzt aber mit mehr Vertrauen und Optimismus.

Und beides zeige ich, als ich bei meinem Hausarzt Dr. Kerner bin und er mir wieder einen Stapel Rezepte vorbereitet.

»Ich stelle Ihnen etwas zusammen«, meint er und tippt fleißig auf der Tastatur seines PCs.

Ich traue meinen Augen kaum, als er mir wenig später die Rezepte in die Hand drückt.

Ich soll mehr Pillen nehmen als je zuvor! Natürlich weiter Morphium, dazu die üblichen Antidepressiva. Ich soll einen Blutverdünner schlucken, etwas gegen die Spastiken, gegen einen zu hohen Cholesteringehalt im Blut und, und, und. Insgesamt siebenundzwanzig Tabletten stehen auf meiner Liste.

Was mich zu Hause erwartet, ist klar. Ich werde damit nur noch vollgedröhnt herumliegen, die Nacht nicht mehr vom Tag unterscheiden können, vermutlich wie früher, vor der Therapie, und auch wieder vermehrt Panikattacken und Angstvorstellungen haben.

Das will ich nicht. Ich bin eigentlich in meinem Mobilheim zusammen mit Marley auf einem guten Weg, jetzt umzudrehen und zurückzugehen, das wäre dumm.

Ich habe meinem Körper mit den vielen Medikamenten schon genug zugemutet. Wenn ich weiter einfach nur schlucke, werde ich meine Nieren und meine Leber ruinieren, vermutlich auch weitere Organe. Meine Lebenserwartung wird zwangsläufig reduziert, und es werden auch keine schönen Jahre vor mir liegen, sondern ich vegetiere nur vor mich hin. Das lasse ich nicht zu!

Marley ist herzkrank, er wird nicht sehr alt. Aber ich habe mir vorgenommen, dass er mit mir ein vielleicht zwar kurzes, aber tolles Leben haben soll. Ein Leben mit Höhepunkten, mit Freude und Liebe, die ich ihm schenke.

Und das, was ich für ihn will, möchte ich auch für mich. Ich muss also etwas ändern. Jetzt. Sofort.

»Wenn ich das alles nehme, kann ich nicht mal mehr meinen Namen sagen. Das ist doch nicht Ihr Ernst!«, poltere ich los. »Ich will das nicht mehr nehmen!«

Meine Stimme klingt scharf.

»Herr Doktor, ganz ehrlich, ich will mich nicht mehr zudröhnen. Ich will das Leben spüren und mich nicht sedieren lassen.«

Der Arzt sieht mich mitleidig an. »Ich kann mir vorstellen, wie hart das für Sie ist, Frau Emming. Und bislang waren Sie so tapfer. Ich bin deshalb sicher, dass Sie das auch in Zukunft schaffen.«

Doch ich schüttle den Kopf. »Nein, nein, meine Zukunft soll anders aussehen.«

Meine Güte, hört mir denn überhaupt niemand zu? Nimmt mich niemand ernst?

»Es ging mir ganz gut, Herr Doktor. Ich spürte es. Vor der Krankheit war mein Fuß viel stabiler, meine Beine hatten viel mehr Kraft. Ich muss darauf aufbauen, ich weiß, dass es etwas bringt.«

»Und die Schmerzen?«, fragt Dr. Kerner und meint, mich daran erinnern zu müssen, dass ich ein hoffnungsloser Fall bin. »Ohne die Medikamente halten Sie die Schmerzen nicht aus. Außerdem bekommen Sie etwas gegen die Depressionen. Damit können Sie nicht einfach aufhören. Bitte ändern Sie daran nichts eigenständig.«

Deprimiert verlasse ich die Praxis.

*

»Hilfe! Hilfe!« Ich rufe, so laut ich kann, aber ich merke, dass meine Stimme viel zu schwach ist, um gehört zu werden. Ich weiß nicht, wie lange ich hier schon auf dem eiskalten Fußboden liege, eine Stunde, zwei Stunden vielleicht.

Die Zeit dehnt sich. Draußen ist es jetzt schon dunkel. Ich muss demnach schon länger hier liegen. Ein Schlaganfall? War es wieder ein Schlaganfall? Dann ist das mein Ende.

Ich zittere. Warum hört mich denn keiner?

Ich versuche, mich mit dem rechten Arm aufzustützen. »So, jetzt nimm verdammt noch mal deine ganze Kraft zusammen, Kerstin. Los, versuch es, du schaffst es!«, appelliere ich an meinen Überlebenswillen und hoffe, damit die allerletzten Kräfte mobilisieren zu können.

Aber meine Arme sind wie Gummi und knicken weg. Obwohl ich nur noch knapp fünfzig Kilo wiege, halten sie meinen Körper nicht. Ich schaffe es höchstens, den Oberkörper ein paar Zentimeter zu heben, dann sacke ich erschöpft auf den Boden zurück. Ich friere, es ist Herbst, und nachts wird es empfindlich kalt. Was ist bloß passiert?

Ich erinnere mich daran, dass Marley gefiept hat. Er musste raus. Ich wollte keine Zeit verlieren, habe mich vom Sofa aus in den Rollstuhl gewuchtet, um ihn schnell auf den Schoß zu nehmen und mit ihm nach draußen zu rollen.

Aber so weit kam ich gar nicht. Meine Beine waren zu schwach, um mich abzustützen, mein Fuß schmerzte furchtbar, und in meinem Kopf war ich so benommen, dass ich nicht reaktionsschnell war. Bevor ich realisierte, dass ich mich abstützen muss, war es schon passiert, und ich bin zwischen Sofa und Rollstuhl gestürzt. Und seitdem liege ich da und habe keine Kraft, allein aufzustehen.

Verdammte Tabletten! Ich bin erst eine Woche aus dem

Krankenhaus zurück, und es ist genau das eingetreten, was ich befürchtet habe. Der Tabletten-Cocktail macht mich träge. Ich bin regelrecht »down«.

»Hilfe, Hilfe!«

Irgendjemand muss mich doch hören. Um diese Zeit gehen viele meiner Nachbarn mit ihren Hunden spazieren. Sie werden merken, dass kein Licht brennt und sich wundern.

Ganz bestimmt kommt gleich Hilfe. Ich muss nur noch etwas warten. Hoffentlich ist es nicht wieder ein Schlaganfall, das wäre dann der dritte.

Aber es fühlt sich anders an, oder nicht?

Bei meinem letzten fühlte ich mich verwirrt, in meinem Kopf drehten sich die Gedanken wie in einem aus dem Ruder gelaufenen Karussell. Das ist jetzt nicht so, nein, es ist alles ganz anders.

Es kann kein Schlaganfall sein. Ich bin glasklar im Kopf. Glasklar. Wirklich. Eins, zwei, drei … Ich kann spielend bis hundert zählen. Das konnte ich die anderen Male nicht.

Immer neue Gedanken surren wie Flugzeuge durch meinen Kopf.

Plötzlich denke ich an Nicky. Vielleicht habe ich sie zu Unrecht verteufelt. Ich kann offenbar selbst für einen kleinen Hund keine Verantwortung übernehmen: Gäbe es Marley nicht, wäre ich auch nicht gestürzt. Ich bin nun mal behindert und muss das akzeptieren.

Vielleicht finde ich ja ein gutes Zuhause für Marley. Ich will zumindest versuchen, ihm ein schönes neues Heim zu besorgen.

Der Gedanke reißt ab.

Jetzt sehe ich plötzlich meinen Heimtrainer vor mir. Gut, seitdem ich mit ihm übe, sind meine Beine schon kräftiger geworden und ich bin entsprechend sicherer auf den Beinen. Die ganze Muskulatur ist gestrafft worden, und meine Füße wirken stabiler. Der linke Fuß knickt nicht so einfach mehr weg. Er ist fast gerade, das heißt, ich kann vielleicht sogar damit auftreten. Natürlich mit Schmerzen, aber daran bin ich gewöhnt. Ich würde das durchhalten. Aber reicht es irgendwann, Marley zu versorgen? Im Moment jedenfalls bin ich meilenweit davon entfernt.

Oder ob ihn vielleicht mein Freund Hermann nimmt? Ich werde ihn fragen – wenn ich noch dazu komme.

In meinem Kopf ist alles durcheinander. Vielleicht findet man mich erst in ein paar Tagen hier …

Ich zittere vor Kälte und fühle mich so elend. Wenn ich hier die ganze Nacht liege, überlebe ich das wohl nicht.

Mir ist plötzlich so schwindelig. Die Zimmerdecke dreht sich, mir wird ganz komisch, was ist das bloß?

Ich fühle mich schlecht. Sehr schlecht.

Aus!

*

»Hey, Kerstin, los, wach auf.«

Hermann hockt neben mir und patscht mir mehrfach kräftig ins Gesicht. Rechts und links auf die Wangen.

»Autsch«, presse ich heraus. »Was soll das?«

»Sag mal, geht's noch! Du warst bewusstlos. Los, komm hoch, du bist ja ganz kalt.«

Mit einem Griff hebt er mich vom Boden hoch, trägt mich auf seinen Armen ins Bett.

»Ich mache dir eine Wärmflasche und dann einen warmen Tee. Den Notarzt habe ich schon verständigt.«

»Notarzt?« Ich schrecke in seinen Armen hoch. »Muss ich ins Krankenhaus? Bloß nicht!«

»Ganz ruhig«, nimmt mir Hermann die Angst. »Das werden wir gleich hören, wenn der Doktor da ist.«

Ich kuschle mich dankbar unter die Decke, lege mir wenige Momente später die heiße Wärmflasche auf den Bauch. Und während mich die wohlige Wärme durchströmt, spüre ich, dass die Lebensgeister zurückkommen.

»Du, Hermann, ich dachte, ich sterbe. Das war so furchtbar. Warum hat denn niemand nach mir gesehen?«

»Haben wir doch alle. Marley hat uns aus dem Schlaf gebellt, und zwar so laut, dass wir alle wussten: Hier stimmt etwas nicht!«

»Er hat gebellt? Das macht er doch nie.«

»Ich weiß, aber nun war es wichtig. Das hat er verstanden. Er hat gespürt, dass Gefahr im Verzug ist und für dich gekämpft. Er ist ein kluger kleiner Kerl.«

Marley sitzt an meinem Bett und stupst mich mit seinen Pfötchen ganz vorsichtig an.

Ich streichle sein kleines Beinchen und lobe ihn überschwänglich für seine gute Tat.

»Du hast Frauchen das Leben gerettet. Ich bin so stolz auf dich«, sage ich mit einer besonders hohen Stimme, die Marley immer mit Lob verbindet, und deshalb wedelt sein Schwänzchen immer schneller.

»Du sorgst dich um mich und hast mich mit deinem Gebell gerettet. Und ich suchte in meiner Verzweiflung schon ein neues Zuhause für dich«, flüstere ich ihm dankbar und beschämt zugleich zu.

»Du hast was?«, meint Hermann da. »Was hast du dir denn für unnütze Gedanken gemacht?«

»Ich schäme mich ja auch«, nicke ich. »Aber es war wirklich alles zu schlimm. Ich dachte, ich erfriere.«

»Das glaube ich dir gern, du warst auch schon richtig weiß im Gesicht.« Hermann streichelt mir zärtlich die Wange. »Schön, dass du uns erhalten geblieben bist.«

Und dann meint er zu Marley: »Und das hier ist dein Zuhause, hier bei Frauchen. Ihr werdet es schon schaffen, füreinander da zu sein.«

Marley scheint jedes Wort zu verstehen, denn er leckt jetzt hingebungsvoll meine Hand. Er ist so wunderbar und hat es verdient, geliebt zu werden.

»Wir packen das, Kleiner!«, sage ich leise zu ihm.

»Klar packst du das«, donnert Hermann und streicht mir über den Kopf. »Übrigens kommt der Arzt gleich. Und Nicky ist auch schon da.«

Ich sehe zur Tür, und Nicky steht im Rahmen, blinzelt mich unsicher an.

»Schön, dass du da bist!«, sage ich ihr und signalisiere ihr, dass sie zu mir kommen soll.

»Sag mal, kannst du mit Marley bitte mal rausgehen. Wenn der Notarzt kommt, ist das besser.«

Nicky lächelt, ach was, ich glaube, sie hat Tränen in den Augen.

»Klar gehe ich mit Marley.«

Während sie den Hund anleint, sieht sie verstohlen zu mir rüber. »Es tut mir leid … du weißt schon, ich hätte dich nicht so anfahren dürfen. Diese Entschuldigung ist längst überfällig.«

»Unsinn, mir tut es leid. Niemand kann etwas dafür, dass ich im Rollstuhl sitze. Ich darf euch nicht spüren lassen, wenn ich manchmal etwas unzufrieden bin oder sogar mit meinem

Schicksal hadere. Es tut mir leid, hörst du. Aber bitte kümmere dich um Marley.«

Nicky tätschelt meinem Lebenshund den Bauch. »Klar, das mache ich. Dann komm, wir gehen mal und lassen Frauchen wieder fit werden.«

*

Der Arzt hat dann gute Nachrichten. Kein Schlaganfall, überhaupt nichts Dramatisches. Ich bin nur ungeschickt gefallen. Aber ich habe wirklich zu wenige Muskeln und nehme viel zu viele Tabletten.

»Trainieren Sie ruhig mehr«, gibt er mir zum Abschied mit auf den Weg, als ich ihm von meinem Sitzfahrrad erzähle. »Das ist der richtige Weg.«

Ich bin selig. Kein Krankenhaus, Gott sei Dank. Und ich will auch nie wieder dorthin.

Ich will an mir arbeiten, damit ich nicht noch einmal in so eine missliche Lage gerate. Marley soll wissen, wohin er gehört. Sein Leben lang. Wir sind beide nicht die Fittesten, haben beide unsere Probleme. Doch wir tun uns gut. Gemeinsam werden wir vielleicht uralt, wer weiß.

Ich werde das viele Zeug also nicht mehr einfach teilnahmslos schlucken. Bislang habe ich es noch nicht bis zu Dr. Kerner geschafft, aber so bald wie möglich will ich ihn aufsuchen. Ich will nicht länger eine willfährige Patientin sein, eine, die sich aufgegeben hat und die man nur noch verwaltet.

Ich bin in den Augen der Ärzte austherapiert. Aber das nehme ich nicht hin. In mir passiert etwas. In mir ist eine unbekannte Kraft, die ich gerade entdecke. Und ich will nicht, dass ich mir diese Kraft von einem Chemie-Cocktail einfach rauben lasse. Mehr als zehn Jahre Morphium mit einer ständig erhöhten Dosis sind genug. Es gibt jetzt nur noch zwei Möglichkeiten: kämpfen oder untergehen.

Ich werde kämpfen!

Kapitel 8

»Ich will nicht mehr!« Nachdrücklich und entschlossen teile ich Dr. Kerner mit, dass ich so nicht weitermachen möchte. »Ich kann mich nicht mehr so einfach nur mit Tabletten vollpumpen lassen, Herr Doktor. Ich spüre, dass meine Kraft für ein neues Leben reicht.«

»Und wissen Sie schon, wie das aussehen soll?«, fragt er sofort nach.

Ich nicke.

»In erster Linie möchte ich wieder laufen können, und das werde ich nicht schaffen, wenn ich immer sediert bin.«

»Frau Emming, Sie kennen aber Ihre Diagnose, nicht wahr?«, wirft er ein, und ich höre, dass seine Stimme besorgt klingt.

Vermutlich denkt er, dass ich mir hier etwas vormache.

»Niemand hat geglaubt, dass meine Tochter einmal laufen lernen wird. Heute macht sie sogar Sport und arbeitet in der Werkstatt einer Einrichtung. Sie dreht Schrauben und kann sich schon gut zwei Stunden am Stück auf ihre Arbeit konzentrieren.«

»Das ist wirklich ganz großartig, Frau Emming.«

»Ja, und alle Ärzte haben sich geirrt. Bei mir kann es genauso sein. In der Therapie habe ich wieder Hoffnung geschöpft. Ich glaube einfach daran, dass ich es schaffen werde. Wissen Sie, ich habe einen Hund, einen ganz tollen, und mit dem will ich spazieren gehen. Irgendwann …«

Dr. Kerner strahlt mich jetzt regelrecht an. Ich glaube, ich habe ihn mit meiner Zuversicht angesteckt. Auf jeden Fall nimmt er mich ernst. Er versteht und respektiert meine Beweggründe, nicht mehr gegen alles nur Pillen zu schlucken, und empfiehlt mir eine ambulante Schmerztherapie.

»Da kann ich Sie anmelden, wenn Sie das möchten«, erklärt er mir.

Ich nicke, und als er mir verspricht, sich sofort um einen ambulanten Platz in einer Fachklinik zu kümmern, könnte ich Purzelbäume schlagen vor Freude. Die empfohlene Schmerzklinik ist fast siebzig Kilometer entfernt, aber ich fahre gern eine Zeit lang täglich diese Strecke und bin überzeugt, dass es der richtige Weg für mich ist.

Und Dr. Kerner hält Wort. Zwei Wochen später bin ich bereits dort und sitze Frau Dr. Mertens, einer sympathischen Ärztin, gegenüber. Sie ist hübsch, hat halblanges blondes Haar und ein ungewöhnlich gewinnendes Lächeln. Ich mag sie auf Anhieb und falle wohl auch deshalb gleich mit der Tür ins Haus.

»Frau Doktor, ich will nicht mehr! Ich will nicht mehr Tag für Tag siebenundzwanzig Tabletten nehmen.«

Ich habe die Rezepte in einem Ordner gesammelt und lege ihr den jetzt auf den Schreibtisch. »Hier, sehen Sie mal. Das soll ich alles schlucken. Aber das will ich nicht mehr. Ich fühle mich von den vielen Tabletten wie weggeknipst. Ich möchte wieder ein selbstbestimmtes und aktives Leben führen.«

Frau Dr. Mertens unterbricht meinen hastigen Redefluss nicht, sondern hört einfach zu. Das macht mir Mut.

»Wissen Sie, ich habe einen Hund. Der braucht ein zufriedenes Frauchen. Bitte helfen Sie mir!«

Wird sie mich unterstützen? Oder hält sie mich auch nur

für eine vollgedröhnte behinderte Frau, der niemand mehr helfen kann? Ich rede mit ihr so engagiert, als ginge es jetzt sofort um nichts weniger als mein Leben. Und irgendwie tut es das ja auch.

Ich erzähle von Marley, meinem Sportprogramm und meinen vielen Wünschen und Hoffnungen.

»Ich möchte endlich etwas Normalität in meinem Leben haben.«

Frau Dr. Mertens macht sich Notizen und lächelt mehrmals gerührt, als ich ihr von Marley erzähle.

»Was ist das denn für ein Wunderhund?«, will sie dann plötzlich wissen. »Haben Sie ein Foto?«

Und ob. Ich krame mein Handy aus der Tasche und scrolle mit ihr einen Augenblick durch das Fotoalbum. Marley beim Baden, beim Spazierengehen, im Garten, im Auto …

Frau Dr. Mertens sieht aufmerksam hin. Das Eis ist gebrochen.

»Na, dann versuchen wir es doch!«, sagt sie schließlich. »Ihr toller Hund wartet doch bestimmt auf Sie, oder? Im Auto?«

Ich nicke.

»Dachte ich mir. Also, dann machen wir mal einen Plan. Sie müssen die Medikamente langsam ausschwemmen. Das geht. Probieren Sie aus, wie weit Sie die Schmerzen ertragen können. Wenn Sie es nicht mehr aushalten, müssen Sie die Dosis wieder erhöhen.«

Ich bekomme nach einer gründlichen Untersuchung einen Alternativplan, dazu Termine für Akupunktur und ein Schmerzpflaster, das ich mir direkt auf den Fuß kleben kann.

»Garantiert ohne Nebenwirkungen«, sagt Frau Dr. Mertens. Sie scheint meine Gedanken lesen zu können. »Nehmen Sie das, wenn Sie es nicht mehr aushalten können.«

Ich bin ihr sehr dankbar. Endlich habe ich jemanden, der meine Wünsche berücksichtigt, mich als Persönlichkeit wahrnimmt und nicht einfach nur Chemie in mich hineinpumpen will. Als ich an diesem Tag zum Auto rolle, habe ich wieder Zuversicht.

Marley begrüßt mich fröhlich, und ich starte den Wagen, als ob ich in ein neues Leben fahren würde.

*

Ich weiß nicht, wie viele Nächte ich jetzt schon am PC surfe und mich schlaumache, was ich bei meinen Schmerzen tun kann, ohne zu den Pillen zu greifen. Die Tablettenration ist bereits sorgsam herabdosiert, ich habe einen genauen Plan bekommen, nach dem ich mich akribisch richte. Aber es wird dauern, bis das Zeug aus meinem Körper ist.

Um die Entzugserscheinungen abzumildern, mache ich die verordneten Therapien wie Akupunktur, autogenes Training, Muskelentspannungsübungen und alles, was man mir sonst noch vorschlägt.

Dazu versuche ich alle möglichen Mittelchen aus der Alternativheilkunde und bestelle fleißig im Internet. Hermann ist schon so oft für mich zur Post gefahren, um die vielen Sachen abzuholen, weil ich mich häufig nicht wohlfühle. Es gibt aufhellende Pflanzenstoffe für die Seele, Kräutermischungen für Fußwickel, Duftöle zur Entspannung. Ich probiere alles durch. Die Mittelchen tun mir gut.

»Das ist alles eine Frage des Kopfes«, meint Nicky, als sie mit mir auf der Terrasse einen Tee trinkt. »Du hast einen starken Willen. Das kommt dir jetzt zugute.«

»Der starke Wille ist das Ergebnis meines Lebensweges.

Sieh mal, ich habe ständig Schicksalsschläge einstecken müssen. Ich habe gelernt, damit umzugehen. Das wirkt nach außen hin vermutlich stark.«

Ich habe uns Obst gekauft und einen leckerer Salat daraus geschnippelt. Jetzt lehne ich mich entspannt im Sessel zurück und freue mich darauf, gemütlich zu plaudern. Marley liegt in seinem Körbchen, hat mich aber wie immer genau im Visier.

Ich klicke mit der Zunge. Das lässt ihn aufhorchen. Er legt sein Köpfchen zur Seite, merkt aber sofort, dass nichts passiert ist, und döst dann gelassen weiter.

»Ich bewundere dich dafür, wie du mit Problemen umgehst«, meint Nicky jetzt.

»Ach, Quatsch«, wiegle ich ab. »Ausgerechnet du, du fürchtest doch nichts und niemanden.«

»Ich weiß nicht!« Nicky schenkt mir etwas Tee nach. »Du bist schon eine tolle Frau.«

Sie sieht mich unsicher an.

»Darf ich dich etwas fragen?«

Ich nicke. »Ja klar!«

»Wie geht es denn bei dir weiter? Ich meine, ohne Morphium? Kann das denn klappen? Du hast doch immer davon erzählt, dass du so hochdosierte Tabletten nehmen musst.«

»Das stimmt, aber Morphium sediert, macht abhängig und verändert deine Seele. Ich habe zwar immer noch Schmerzen, aber ohne Morphium nur unwesentlich mehr als mit Morphium. Mein Körper hat sich anscheinend an das Morphium gewöhnt, reagierte nicht mehr darauf, außer in der Form, dass es mich müde, abgeschlagen und teilnahmslos machte und vermutlich auch ängstlich und depressiv. Das will ich nicht mehr. Ich will einen anderen, einen neuen Weg gehen.«

»Und wie sieht der aus?«

»Ich habe gestern geträumt, Nicky. Ich sehe mich mit Marley am Wasser spielen. Ich werfe Stöckchen, und er freut sich, dass er sie zu mir zurückbringen kann. Natürlich nicht zu weit, denn Marley darf ja nicht toben. Aber er kann mit mir langsam spazieren gehen, langsam spielen, langsam sein Leben genießen. Das will ich erleben, am liebsten jeden Tag. Doch ohne Nebelschwaden, die in meinem Kopf wabern.«

»Du willst ja aber nicht nur träumen. Du willst es doch irgendwann einmal auch erleben. Hast du denn keine Angst, dass es bei den Träumen bleibt?«

Ich muss schmunzeln. Sie bringt mir vorsichtig bei, auf was alle hinweisen, dass ich austherapiert sei und mir keine großen Hoffnungen machen solle. Aber ich nehme ihr das nicht übel. Ich glaube, dass viele Menschen in meinem Freundeskreis das ebenfalls denken und es mir nur nicht sagen, weil sie mich nicht verletzen möchten.

Doch das tut Nicky nicht. Eigentlich ist es naheliegend, dass sie so denkt. Ich sitze seit Jahren im Rollstuhl und rede immer davon, munter loszulaufen. Das muss man ja fast als Spinnerei abtun.

Ist es aber nicht! Ich werde laufen, weil ich es tief in mir fühle. Ich weiß, dass es klappt. Weil da jemand ist, der mir einen Lebensinhalt gibt.

»Ich habe auch gemerkt, dass man sich über die Schmerzen hinwegdenken kann«, erkläre ich Nicky nach einer kurzen Pause.

»Huch, wie geht das denn? Ist das dein Ernst?«

»Ja, du sagtest doch vorhin, dass es nicht zuletzt eine Frage des Kopfes ist. Das stimmt.«

»Und wie funktioniert das?«

»Also, wenn die Schmerzen zu stark werden, lenke ich mich

ab. Ich denke an etwas Schönes, das ich erlebt habe, oder ich stelle mir etwas vor, auf das ich mich freue. Das male ich mir dann möglichst detailgetreu aus. Und dann bin ich in einer anderen Welt und vergesse quasi meine Schmerzen!«

Nicky ist sichtlich fasziniert. Sie hängt richtig an meinen Lippen.

»Das klingt ja spannend«, sagt sie begeistert. »Ich bin nicht so leidgeprüft wie du, aber vielleicht wirkt das bei meinen Kopfschmerzen auch. Du weißt ja, dass ich oft damit zu tun habe.«

Ich nicke.

»Das hilft bei allen Schmerzen, glaub mir. Die Kraft der Gedanken, die wirkt. Ich habe das wirklich erprobt. Nicht grübeln, sondern sich in Gedanken über die Grübeldelle erheben. Das ist besser als jede Pille.«

Nicky schenkt sich noch einen Kaffee ein und schüttelt dabei nachdenklich den Kopf.

»Weißt du, diese vielen Schicksalsschläge haben dich weise und stark gemacht. Ich kann vor dir nur den Hut ziehen.«

»Musst du nicht. Geh doch stattdessen lieber mit mir ein Eis essen, oder lass uns ein bisschen shoppen. Das wirkt nämlich auch«, schlage ich lachend vor.

»Gegen die Schmerzen?«, fragt Nicky.

»Natürlich. Immer wenn ich mir etwas gönne und mich verwöhne, sind meine Schmerzen viel besser zu ertragen, manches Mal in meiner Wahrnehmung sogar fast verschwunden …«

Nicky atmet tief durch.

»Du bist ein Phänomen, liebe Kerstin. Und ich denke, wir sollten heute Abend einmal ausgehen, sozusagen eine Schmerztherapie machen. Was meinst du?«

Ich könnte sie küssen, so süß finde ich das.

»Ich bin dabei!«

*

In der Schmerzklinik bekomme ich wirklich Unterstützung, und das tut mir richtig gut. Man will, dass es mir besser geht ohne Chemie, ich Fortschritte mache und Tag für Tag ein Stückchen Normalität dazugewinne. Ich bin zum Beispiel in einer tollen Gehschule, lerne mithilfe zweier Barren, langsam das Gewicht zu verteilen und meinen gesunden Fuß immer intensiver zu belasten, die Muskeln zu stärken. Aber ich gehe noch etwas weiter, trainiere auch den kranken Fuß. Ich trete natürlich weniger auf, aber die ständig stärkere Belastung bringt Erfolge. Ich habe das Gefühl, der Fuß stabilisiert sich.

Marley ist in den Stunden, in denen ich in der Klinik bin, bei Hermann, der sich ganz rührend um ihn kümmert. Ich bekomme regelmäßig Fotos in die Therapie geschickt, und Hermann versichert mir jeden Abend, dass es ihm prima gehe. Die beiden radeln im Seniorentempo am See entlang, gönnen sich ein leckeres Mittagessen und dösen den Rest des Tages im Garten.

Wenn ich abends nach Hause fahre und bei Hermann vor der Tür stehe, läuft Marley überschwänglich auf mich zu. Er begrüßt mich meistens so stürmisch, dass er mir gleich auf den Schoß springt und mein Gesicht abschleckt. Danach weicht er keinen Zentimeter mehr von meiner Seite.

Zu Hause sind wir unzertrennlich. Meistens sitzen wir zusammen auf dem Sofa, oft unter eine Decke gekuschelt. Ich spreche viel mit ihm. Gerade in den Momenten, in denen es mir nicht gut geht, erzähle ich ihm, was mich bedrückt. Ich weiß, dass es seltsam klingen mag, aber ich weiß, dass er alles versteht.

Manchmal weine ich auch bitterlich und vergrabe mein Gesicht in seinem Fell.

Marley hält dann ganz still. Er weiß, dass ich ihn brauche. Nach einiger Zeit leckt er mir über die Hand. Er spürt, dass es dann gut ist, ich mich freigeweint habe. Danach bleiben wir ganz eng aneinandergekuschelt sitzen, sehen uns ganz gespannt einen Film an, oder Marley schläft, und ich lese. Wir sind ein eingespieltes Team und brauchen uns gegenseitig.

Mit Marley will ich ein neues Leben beginnen. Ein Leben ohne Ängste und Panikattacken, mit wachem Verstand und offenem Herzen. Ich bin mir ganz sicher: Mein Leben, es wird noch einmal richtig schön!

*

»Trainieren Sie auch Rollstuhlfahrer?« Ich habe den Leiter eines Fitnesscenters am Telefon und bin überrascht, als ich höre, dass ich noch heute vorbeikommen kann.

Schon am Abend trainiere ich mit Mark, so heißt mein Trainer, meine Beinmuskulatur. Mark ist höchstens dreißig Jahre alt, trägt eine Glatze und ist ein richtiges Muskelpaket, aber ungeheuer lieb und geduldig. Er gibt sich ganz viel Mühe, sucht genau die Geräte aus, die mir guttun, und ich fühle mich schon nach der ersten Runde richtig gestärkt.

»Meinst du, dass ich es schaffe, mein Bein irgendwann so weit zu belasten, dass ich mit meinem Marley spazieren gehen kann?«, frage ich direkt.

Mark ist ehrlich. »Das weiß ich nicht. Aber, Kerstin, was

ich weiß, ist: Wenn du etwas erreichen willst, dann musst du Leistung zeigen, dich quälen. Von nichts kommt nichts.«

»Quälen? Damit habe ich reichlich Erfahrung!«, kontere ich, und er ahnt nicht, wie ernst ich das meine.

Fünfmal die Woche, jeweils für zwei Stunden, von neun bis elf, bin ich von nun an bei Mark im Studio. Ich trainiere die komplette Muskulatur: Brust, Rücken, Schulter, Beine, Arme, Bauch. Er hat mir ein spezielles Zirkeltraining zusammengestellt, das ich aber nicht nur die empfohlene eine Runde durchtrainiere, sondern im Schnitt vier.

Ich schwitze dazu noch auf diversen anderen Geräten, die er mir empfohlen hat, und bin so konsequent dabei, dass Mark mich manchmal bremsen muss. Dann steht er plötzlich neben mir, legt seine Hand auf das Display des Trainingsgeräts, und ich höre ihn sagen: »Halt, jetzt machst du erst einmal eine Pause.«

Widerwillig muss ich dann mit ein paar Schlucken Wasser an der Bar entspannen.

»Dein Ehrgeiz in Ehren. Aber ich muss auch an dich denken. Irgendwann kollabierst du, und das möchte ich vermeiden.«

Mark lächelt mir in solchen Momenten zu, milde, verständnisvoll. Und ich gebe immer klein bei.

»Verständlich, du möchtest einfach keine bewusstlose Kundin im Laden liegen haben«, scherze ich.

»Genau! Das ist nämlich nicht gut fürs Geschäft. Und glaub mir, du wirst auch mit einer Pause ein Muskelpaket.«

Einmal hat mir Mark dabei eine Hantel in die Hand gedrückt, und »Hier, versuche die mal« gesagt. Ich habe beherzt zugegriffen und das Zwanzig-Kilo-Teil scheinbar spielend in die Luft gehalten.

Mark war baff und hat gemeint: »Wenn du so weitermachst, wirst du meine Werbefigur.«

»Ich bin dabei«, habe ich zurückgescherzt. »Ich lache gern von Plakaten.«

Doch dann wurde er wieder ganz ernst. »Spaß beiseite. Mach einfach ganz normal weiter. Das wird dir und deinem Hund auch helfen.«

Ich weiß, dass er recht hat. Ich bin aber seit einiger Zeit so in Kampfstimmung, dass ich mich selbst überholen möchte. Ich will leben und laufen, weil es Marley gibt. Ich will es für diesen hilflosen kleinen Kerl, dem garantiert niemand sonst auf der Welt eine Chance geben wird. Und natürlich für mich!

Wenn ich gegen Mittag erschöpft, aber zufrieden zurückkehre, wartet Marley schon auf mich. Es tut mir so gut, nicht mehr allein zu sein. Es war furchtbar, in eine leere Wohnung zu kommen, jedes Mal wie ein Stich ins Herz.

Jetzt ist es anders. Jetzt springt Marley an mir hoch, jault vor Glück, dass es mich gibt. Das ist mit nichts zu vergleichen. Das macht stark und zufrieden.

*

Nicky, Hermann, Dieter, Silke, Martin, Bärbel und alle anderen Freunde bekommen mich bis auf das Wochenende keinen Vormittag mehr zu sehen.

»Wann kommst du denn mal wieder zum Bridge«, ruft mir Bärbel häufig zu, wenn ich morgens mit Marley eine Runde drehe, und Nicky schickt mir schon mal eine Nachricht auf das Handy und fragt, ob ich Lust auf einen Kaffee hätte. Habe ich, aber mir fehlt die Zeit dazu. Ich muss trainieren.

»Du kannst bald zur Behinderten-Olympiade«, macht sich

Martin lustig, als er mich nach drei Wochen voller Dauertraining mal wieder morgens im Garten erwischt. Er ist ein sympathischer Bäcker, Ende fünfzig, der zehn Jahre in Norwegen gelebt hat und nun auf dem Platz eine neue Heimat gefunden hat.

»Vielleicht wäre es das«, greife ich seinen Witz auf. »Aber erst einmal reicht es mir, meinen Hund zu versorgen. Für viele eine Selbstverständlichkeit, für mich jedoch eine Riesenleistung.«

Ich strahle Martin an. »Weißt du, ich bin schon viel stabiler auf meinen Füßen, kann sogar schon ein bisschen auf dem kranken Fuß stehen. Klar, mit Schmerzen. Aber daran habe ich mich ja schon längst gewöhnt.«

Martin sieht meinen Fuß an.

»Spürst du wirklich Fortschritte?«

Ich nicke.

»Große Fortschritte, Martin. Ich habe richtig Halt im Fuß.«

Martin ist beeindruckt.

»Das ist ja klasse.« Und übermütig ziehe ich an diesem Vormittag meine Schuhe aus.

»Sieh mal«, sage ich stolz und strecke ihm meinen Fuß entgegen. »Er wirkt nicht mehr so deformiert. Er sieht fast ganz normal aus, stimmt's?«

»Ja, wirklich, man sieht äußerlich kaum etwas!«

»Genau, und das liegt an meinem Training, nicht an meinen Tabletten«, erkläre ich strahlend. »Jeder Tag Training tut mir gut, lässt mich fester stehen. Nicht unbedingt schmerzfreier, aber stabiler. Und je stabiler ich stehe, desto leichter habe ich es mit Marley. Ich bin auf dem richtigen Weg!«

Martin sieht mir bei diesen Mini-Gehversuchen zu. »Weißt du, ich bin ja noch recht neu hier. Aber ich habe gehört, dass du ohne Wenn und Aber dein Programm durchziehst. Ich bewundere dich für diesen Ehrgeiz.«

»Bewundere nicht mich, sondern meinen vierbeinigen Coach. Dem verdanke ich, dass es mit mir bergauf geht.«

*

Ich bin eisern, nicht nur in der Klinik und nicht nur im Studio. Auch zu Hause mache ich weiter. Ich trainiere noch jeden Tag mit meinem Beinfahrrad.

Längst trete ich auch mit meinem kranken Fuß in die Pedale. Nicht so fest wie mit dem gesunden, aber schon viel kräftiger als früher. Ich trainiere, obwohl es nach Aussage aller Fachleute hoffnungslos ist, ganz verstärkt darauf hin, bald wieder laufen zu können. Ich übe, übe, übe. Ich kann nach wie vor so gut wie nicht auftreten. Aber wie sagt ein afrikanisches Sprichwort: »Ein Tropfen ist nichts, aber viele Tropfen werden ein See.«

Ich übe, übe, übe, denn es begegnen einem Wunder.

*

»Unverändert! Das Loch hat sich nicht geschlossen.«

Die Tierärztin steht mit dem Ultraschallbild in der Hand vor mir und schüttelt den Kopf.

»Tut mir leid, aber Marley geht's nicht besser. Ich denke, es wäre wirklich gut, wenn sie ihn in der Klinik vorstellen und eventuell operieren lassen. Er ist jetzt ausgewachsen und kräftig genug, so einen Eingriff gut durchzustehen.«

Ich bin geschockt. Marley ist zu einem fröhlichen und quicklebendigen Hund geworden. Ich hatte keine Zweifel daran, dass sich das Loch geschlossen hat und er gesund ist. Vielleicht wollte ich die ja auch nicht haben. Vielleicht habe ich die Wahrheit verdrängt.

Aber wie immer holt sie mich nun ein, und ich muss mich ihr stellen.

»Ich packe Ihnen die Unterlagen zusammen und melde Sie in der Uniklinik in Gießen an. Dort ist Marley bestens aufgehoben.«

»Aber ich will bei ihm bleiben. Wie lange dauert so ein Eingriff mit anschließendem Aufenthalt?«

»Maximal eine Woche. Natürlich können Sie ihn regelmäßig besuchen.«

Die Ärztin streichelt mir jetzt aufmunternd über den Arm. »Machen Sie sich mal nicht zu große Sorgen. Marley packt das.«

Ich nicke. Aber etwas pikst in meinem Herzen. Ich kann nur nicht einschätzen, was es ist.

Zwei Wochen später bin ich mit Marley auf dem Weg zur Klinik. Ich bin auf die OP gut vorbereitet, habe mir schon im Internet eine Pension in der Nähe herausgesucht.

Als ich mit Marley vor dem Behandlungsraum sitze, mache ich dem Kleinen Mut. »Wir beide haben doch schon ganz andere Sachen durchgestanden«, sage ich leise zu ihm und glaube, dass er mich versteht.

Ich habe ihn mir auf den Schoß geholt, streichle ihn die ganze Zeit über und flüstere ihm zärtliche Worte ins Ohr.

Marley ist leider kein geduldiger Patient. Er lässt sich nicht gern von Unbekannten anfassen und reagiert sehr ängstlich. Ich versuche deshalb, ihn mit meiner Zuwendung ein bisschen zu beruhigen.

Eigentlich bin ich sehr entspannt. Die Ärztin hat mir gesagt, dass Marley nach diesem Routine-Eingriff ein normales und fröhliches Leben führen werde. Also noch einmal Zähne zusammenbeißen, und dann ist es vorbei.

»So, mein Kleiner, bald hast du es geschafft«, flüstere ich ihm noch ins Ohr, als der Arzt ihn zum Röntgen bringt.

*

Doch es kommt mal wieder alles ganz anders.

»Es tut mir leid, Frau Emming, aber ich habe leider keine guten Nachrichten!«, meint der junge Mediziner nach dem Check und sieht mich ernst an. »Ich muss leider von der Operation abraten.«

Eine Nachricht, auf die ich überhaupt nicht vorbereitet bin.

»Was heißt das?«, frage ich entgeistert nach und fühle mich völlig überrumpelt. »Ich denke, es ist nur ein kleiner Eingriff?«

»Nun ja, es ist eine Operation am offenen Herzen. Das ist immer mit Risiken verbunden«, erklärt mir der Arzt. »Doch bei Marley ist bereits die Lunge geschädigt. Er hat ein chronisches Lungenödem. Das Risiko, dass er die Operation nicht überlebt, ist einfach zu groß.«

»Aber ohne geht es doch auch nicht?«, murmle ich. »Man kann ihm also gar nicht mehr helfen?«, flüstere ich und spüre, dass mir die Tränen in die Augen schießen. »Mein Marley, muss er jetzt sterben?«

»Nein, nein, er kann ja mit dem Loch im Herzen weiterleben. Aber er wird vermutlich nicht sehr alt. Wenn er sich allerdings schont und sie ihm die richtigen Medikamente geben, kann er noch ein paar gute Jahre vor sich haben.«

»Wie viele denn?«

»Darauf weiß niemand eine Antwort. Aber denken Sie positiv. Sie können eine schöne Zeit miteinander verbringen. Wichtig ist, dass sich das Tier nicht überanstrengt. Er darf sich viel bewegen, aber nicht Vollgas geben.«

Als ich mit Marley aus der Klinik komme, habe ich zum ersten Mal richtig Angst um ihn.

Doch es geht auch ein Ruck durch mich hindurch. Wenn er nicht mehr so lange auf dieser Welt bleiben darf, dann liegt es an mir, ihm eine wunderschöne Zeit zu bereiten. Ich will noch viel mit ihm erleben!

»Marley, mein Kleiner«, sage ich später, als er im Auto auf dem Rücksitz hockt und mich fröhlich anhechelt. »Wir beide rocken jetzt das Leben. Wenn wir gehen müssen, wollen wir vom vollen Tisch aufstehen und nicht sagen müssen: Wir haben etwas verpasst!«

Kapitel 9

Ich bin in einem beliebten Club, und sie spielen gerade mein Lieblingslied: »Die immer lacht« von Kerstin Ott. Ich summe die Melodie mit und denke daran, wie oft ich diesen Song in letzter Zeit gehört habe. Die Zeilen sprechen mir so sehr aus dem Herzen. Ich bin auch eine, die nach außen hin »immer lacht«. Aber auch die andere Zeile passt auf mich: »Und nur sie weiß, es ist nicht, wie es scheint.«

Das ist es. Ich halte mein Herz fest, lasse niemanden hineinsehen und behalte meistens für mich, wie schlecht es mir geht. Ich habe schon so viele Stunden geweint, um meine kranke Tochter. Aber auch bei meinen Schlaganfällen, dem Unfall, meinem Leben im Rollstuhl, und jetzt weine ich aus Angst um Marley.

Aber gezeigt habe ich meine Angst so gut wie nie. Ich mache fast alles mit mir selbst aus, zeige erst einmal mein Strahlegesicht. Wohin es mich geführt hat, habe ich gemerkt: in eine handfeste Depression und Tablettenabhängigkeit.

Aber jetzt ist es anders. Jetzt habe ich mich mit professioneller Hilfe, angetrieben durch Marley, an den eigenen Haaren aus der Misere gezogen.

Ich habe mir ein Ziel gesetzt. Ich will das Leben genießen, so wie es ist, mit meinem treuen vierbeinigen Freund, aber auch mit einer klitzekleinen Portion Abenteuer und Spontaneität.

Deshalb habe ich mich heute ins Auto gesetzt und bin in einen Club gefahren.

Ich war früher eine leidenschaftliche Tänzerin. Jedes Wochenende habe ich in den Discos bis zur Atemlosigkeit getanzt. Ich liebe Musik, und ich liebe die Bewegung dazu. Das lässt mich vergessen, was ich schon früh durchmachen musste.

Das Tanzen fehlt mir, seitdem ich krank bin, und erst recht, seitdem ich im Rollstuhl sitze. Ich wollte oft einfach aufstehen, losfahren und mich irgendwo zwischen Glitzerlicht austoben.

»Das ist vorbei«, hat mir Hermann erst kürzlich gesagt.

»Das ist nicht vorbei«, habe ich heute gedacht und auf die Uhr gesehen. Einundzwanzig Uhr. Die ideale Zeit, um einfach loszufahren.

Ich habe Nicky angerufen und gefragt, ob sie Lust habe. Aber sie wollte nicht.

Wenn niemand da ist, der mitgeht, muss ich es eben allein tun, sagte ich mir. Das habe ich früher schließlich auch gemacht. Und jetzt bremst mich dieser gottverdammte Rollstuhl aus? Nein! Ich lasse das nicht zu.

»Sie müssen sich Ziele setzen und ganz fest daran glauben!« Der Satz meines Therapeuten hallte mir im Ohr, als ich zum Auto rollte und Augenblicke später in die Nacht fuhr. Mein Ziel: der stadtbekannte Club, von dem ich zwar schon viel gehört, den ich aber noch nicht besucht habe.

Am Eingang sah ich einen verdutzten Türsteher und habe genau gemerkt, dass er zögerte, mir den Stempel auf die Hand zu drücken: Eine Behinderte passt nicht in so ein Ambiente, ging ihm wohl durch den Kopf. Aber dann hat er mich trotzdem durchgewinkt.

Doch ich habe mir gleich die nächste Klatsche geholt.

»Was will denn die Alte hier?«, fragte ein junger Mann im Alter meines Sohnes.

»Tanzen, wie ihr!«, habe ich geantwortet und bin dann schweigend an ihm vorbei auf die Tanzfläche gerollt und habe mich zu den Hits im Rollstuhl ausgetobt.

Jetzt spielen sie Kerstin Ott, und es kribbelt mir quasi in den Füßen, obwohl das in dem tauben gar nicht geht. Aber ich vergesse es, lege los, tanze weiter, als hätte ich zwei gesunde Beine. Ich wiege mich zum Rhythmus, erst nur mit dem Oberkörper, dann mit dem ganzen Gerät. Ich verliere mich so in der Musik, dass mein Rollstuhl manches Mal so weit vom Boden abhebt, dass ich fürchte, damit umzufallen.

Aber als es brenzlig wird, ist plötzlich eine stützende Hand da. Sie gehört dem jungen Mann, der am Eingang so uncharmant über mich gesprochen hat.

Jetzt nimmt er meine Hand und schwingt zum Rhythmus seine Hüften. Ich tanze, im Rollstuhl, mit einem Mann, der so alt ist wie mein Sohn! Die Lichter flackern immer schneller, und ich drehe mich immer rasanter.

Ich lebe. Es ist wunderbar.

Ich weiß nicht, wie lange wir beide so weitermachten, aber irgendwann fällt mir auf, dass wir die Tanzfläche für uns haben. Die anderen Gäste haben einen Halbkreis gebildet und feuern uns mit lautem Klatschen an. Es ist wie im Fernsehen, und ich kann nicht glauben, dass das alles Realität ist. Ich werde gefeiert, weil ich mich entschlossen habe zu leben.

So einfach ist das also.

*

»Komm, Kerstin, sei stark, trau dich!«, sagt die eine Stimme in mir.

»Lass doch den Unsinn. Du musst doch nicht ausgerechnet mitten in der Nacht dieses Experiment wagen«, meint die andere.

Es ist zwei Uhr nachts, ich liege im Bett und habe Durst. Ich möchte mir ein Glas Wasser holen. Aber heute treibt mich innerlich noch etwas anderes an: Ich möchte es ohne Rollstuhl versuchen. Ich möchte einfach aufstehen und gehen, oder es zumindest einmal ausprobieren.

Marley liegt auf dem Teppich, und ich sehe im schwachen Licht der Nachttischlampe, dass er mich mit wachen Augen beobachtet. Bestimmt fragt er sich, was Frauchen jetzt wieder vorhat.

Warum gerade heute, und warum gerade in der Nacht? Ich weiß es nicht. Vermutlich ist die Zeit einfach reif dafür. Seit knapp zwei Jahren trainiere ich fleißig im Studio und zu Hause, meine Beine und Arme sind mittlerweile straffe Muskelpakete. Mein Fuß schmerzt nach wie vor, aber er ist durch das Training deutlich stabiler und stärker als früher.

Die Sehnen sind flexibler geworden. Ich kann viel großflächiger auftreten, oder besser, ich glaube, ich könnte es, wenn ich es endlich mal versuchen würde. Seit Langem denke ich daran, aber getraut habe ich mich bislang noch nicht. Aber jetzt!

Beherzt schlage ich die Decke zur Seite und setze mich auf die Bettkante. Ich weiß, was mich erwartet, wenn ich nun aufstehe und den Fuß belaste: ein höllischer Schmerz. Aber ich will und muss es wissen.

Schmerzen habe ich immer, auch wenn ich mit dem Fuß nicht auftrete. Wenn es jetzt noch ein bisschen mehr wehtut, muss ich das in Kauf nehmen. Ich fühle mich bereit. Denn ich bin ansonsten fit und habe nur so die Chance, irgendwann wieder laufen zu können. Das muss es mir wert sein, dafür die Zähne zusammenzubeißen.

Vorsichtig stelle ich beide Füße auf den Boden, stütze mich mit den Händen ab. Das Gewicht verlagere ich instinktiv auf das gesunde rechte Bein, und dann wage ich es und setze den linken Fuß vorsichtig auf den Boden und probiere, Halt zu finden. Der Schmerz ist durchdringend, aber ich halte ihn aus, weil ich es will, weil ich endlich wissen möchte, ob ich doch noch einmal werde gehen können.

Mein Zuhause ist klein, ich stütze mich mit einer Hand an der Wand, mit der anderen an Möbelstücken ab, und so setze ich langsam Fuß vor Fuß. Nach einem Schritt mache ich eine Pause, weil mir der Schmerz die Luft zum Atmen nimmt. Ich stütze mich dann auf dem gesunden rechten Fuß ab, lehne mich mit dem Rücken an die Wand und atme mehrmals tief durch.

Das habe ich in der Schmerztherapie gelernt, und es hilft. Danach geht es weiter, und ich weiß nicht, wie lange ich brauche, aber schließlich stehe ich an meiner kleinen Küchenzeile und schreie mein Glück heraus wie ein Olympiateilnehmer, der es geschafft hat, als Erster ins Ziel zu stürmen. Ich bin da, am Ziel meiner ersten Etappe in ein ganz, ganz neues Leben.

Herr Bohlmann, mein Psychologe, hat gesagt, es gebe Wunder. Es stimmt!

Marley ist aufgesprungen und steht jetzt freudig schwanzwedelnd vor mir. Ich sehe es genau, er lacht. Er ist der erste Hund in meinem Leben, der lachen kann, und heute Abend lacht er mit mir.

Er ist sowieso kein richtiger Hund. Marley ist eine Mischung aus Hund und Mensch. Denn jetzt stützt er seine beiden Pfötchen an meiner Küchenzeile ab, damit ich ihn in den Arm nehmen und mit ihm kuscheln kann.

»Wir beide haben schon so viel zusammen geschafft«, sage ich und sehe ihm dabei fest in die Augen. »Hörst du, wir machen jetzt weiter. Du lebst mit einem kranken Herzen, und ich laufe mit einem kranken Fuß. Daraus machen wir etwas richtig Großes.«

*

»Das ist ja großartig«, juble ich und sehe dem Handwerker ganz fasziniert zu.

Es war Hermanns Idee, und jetzt setzen wir sie um. Damit ich mit Marley Trike fahren kann, hat Hermann eine Art Beiwagen für uns konzipiert. Schmal genug, damit man mit dem Trike noch locker fahren kann und nicht überall aneckt, und hoch genug, damit Marley nicht einfach herausspringen kann.

Der Metallbauer hat versprochen, das umzusetzen, und jetzt fertigt er nach Hermanns Vorgaben das Ungetüm an. Es dauert nicht lange, und ich stehe vor einer silberfarben glänzenden Vorrichtung, oval geformt mit einer nach außen zu öffnenden Tür und natürlich einer Windschutzscheibe aus Plastik, damit Marley der Fahrwind nicht zu viel wird, er aber fröhlich hinaussehen kann. Ich bin fasziniert.

Als mir der Handwerker die Traumbox in die Hand drückt, weiß ich, dass Hermanns Idee ein Volltreffer ist. Bislang musste ich Marley bei meinen seltenen Spritztouren zu Hause lassen und war immer unruhig, wenn die anderen weiter und damit länger fahren wollten. Denn ich wusste ja: Zu Hause wartet Marley auf mich, und ich wollte meinen kleinen treuen Freund nicht zu lange warten lassen. Meistens bin ich deshalb auch gar nicht mitgefahren und habe mein Trike in der Garage gelassen.

Aber jetzt muss ich mich mit solchen Gedanken nicht mehr quälen, denn Marley kann künftig immer mitkommen.

Unsere erste gemeinsame Tour geht ins niederländische Enschede, und als ich die kleine Seitentür öffne und Marley hineinspringt, hüpft auch mein Herz vor Freude.

Ich habe ihm unten ein weiches, kuscheliges Polster hingelegt, dazu einen leckeren Knochen. Aber Marley will nicht knabbern, er setzt sich genauso aufrecht in seine Box wie ich mich auf den Fahrersitz und sieht mit mir neugierig auf die Fahrbahn. Als ich den röhrenden Motor anlasse, wedelt er vergnügt mit dem Schwanz.

Marley liebt es, unterwegs zu sein. Er fährt auch gern Auto. Aber in seinem ganz speziellen Beiwagen wird er so richtig auf seine Kosten kommen.

In einer Gruppe von zehn Trikern fahren wir auf dem Weg nach Enschede durch blühende Rapsfelder und herrlich dicht bewachsene Alleen und vorbei an einem verträumt gelegenen Waldsee. Marley sieht die ganze Zeit über interessiert auf die Straße, hält locker das Ruckeln aus und mag es, einfach dabei zu sein. Immer wenn wir einen Hund am Straßenrand passieren, scheint er sich superstolz besonders aufrecht hinzusetzen, so als wollte er sagen: »Hier, seht her. Ihr müsst laufen. Aber ich …«

In der Triker-Szene wird Marley schnell zum Maskottchen. Alle mögen meinen kleinen Hund und kuscheln mit ihm herum. Bei jedem Treffen ist er der Hahn im Korb, und er genießt es sichtlich, im Mittelpunkt zu stehen. Er wird verwöhnt mit Leckerchen, und wenn wir uns dann auf den Rückweg machen, ist Marley wieder in seiner alten Beifahrerhaltung. Aufrecht nimmt er Platz und verfolgt interessiert das Verkehrsgeschehen.

Da ich immer nur sehr entspannt und mit mäßigem Tempo »cruise«, bleiben viele Leute in den Städten und Dörfern stehen und sehen uns amüsiert nach. Ein Trike mit einem Shepherd-Mix im Beiwagen ist eben etwas Besonderes. Oft winken uns die Leute fröhlich zu, und ich winke zurück und bin froh für dieses kleine Quäntchen Glück, das ich mit diesen Fahrten in mein Leben lasse.

*

»Marley, komm, es ist so weit. Wir versuchen es jetzt mal!«

Es ist der 5. Mai 2017, ein prächtiger Sommertag. Schon morgens um sieben scheint die Sonne in mein Schlafzimmer. Ich fühle mich in letzter Zeit prächtig, strotze vor Kraft und Energie. Das regelmäßige Training und die vielen Touren mit Marley tun mir richtig gut.

Aber es ist nicht nur das. Ich glaube, es ist auch meine positive seelische Verfassung, die mein Wohlbefinden stärkt. Körper und Seele sind nun mal untrennbar miteinander verbunden, und im Moment halte ich beides in Schwung.

Ich sehe auf das Tellerchen auf meinem Nachtschrank. Noch vor zwei Jahren lagen hier siebenundzwanzig Tabletten, jetzt sind es gerade noch vier. Die Antidepressiva sind als Erstes aus der Liste geflogen. Ich habe sie langsam »ausgeschwemmt«, wie meine Ärztin das nennt, also langsam die Dosis verringert. Seit Ende des letzten Jahres nehme ich nichts mehr.

Mein Blutdruck ist in Ordnung, und meine Blutwerte sind top. Ich bekomme noch etwas gegen die Schmerzen, aber das hat nichts mehr mit der großen Dosis Morphium zu tun, die ich viele Jahre lang geschluckt habe. Ich bin aktiv, unternehmungslustig und voller Tatendrang.

»Damit kommen Sie zurecht? Das habe ich noch nie erlebt«, sagte mir kürzlich die nette Apothekerin, als ich bei ihr Naturheilmittel kaufte, anstatt ihr, wie in all den Jahren zuvor, das Rezept mit den hochdosierten Morphium-Pillen hinzulegen.

Meine Antwort überraschte sie noch mehr: »Ich brauche es nicht mehr, weil ich meinen Hund habe!«

Und dann habe ich ihr erzählt, dass mich Marley langsam wieder auf die Beine bringe und ich Tag für Tag Fortschritte mache. Sie war so beeindruckt, dass sie mir einfach eine Blütencreme geschenkt hat. Sie wollte mir eine Freude machen. Ich war gerührt.

Ich habe aber auch viel erreicht. Im Häuschen laufe ich mittlerweile ganz frei, ohne Krücken.

Nun möchte ich auch ohne Hilfsmittel rausgehen, irgendwann zum See laufen können. Und heute früh spüre ich, dass es der richtige Moment ist, das auch endlich zu versuchen.

»Marley!«, wecke ich meinen Glückshund, den ich noch friedlich und gleichmäßig in seinem Körbchen schnarchen höre. »Marley, komm, wir haben etwas Großes vor.«

Mit diesen Sätzen mache ich mir selbst Mut, bereite mich auf den entscheidenden Moment vor.

»Komm, mein Freund. Du bist der Erste, der es sieht. Ich weiß, dass ich es schaffen kann.«

Und dann stehe ich vom Frühstückstisch auf, öffne die Haustür und schiebe mich Fuß vor Fuß setzend in den Vorgarten, allein, frei, ohne Rollator. Ich schaffe acht Schritte bis zum Gartentörchen, und dann schreie ich mein Glück heraus.

»Ich kann laufen! Seht alle her! Ich kann laufen!«

Nicky kommt im Morgenmantel aus dem Haus gelaufen und ist mit wenigen Sätzen bei mir. Sie fällt mir um den Hals, küsst und herzt mich.

»Du bist großartig, meine Liebe«, murmelt sie, von Freude und Mitgefühl übermannt fließen jetzt bei uns beiden die Tränen.

Und als Marley uns Heulsusen sieht, leckt er meinen kranken Fuß. Er ist so ein kluger Hund.

Martin kommt gerade mit einer Brötchentüte vorbei, als er das merkwürdige Spektakel sieht. Vor lauter Überraschung lässt er die Tüte fallen, und die Brötchen purzeln auf den Gehweg.

»Sehe ich richtig oder ist das eine Fata Morgana«, murmelt er und starrt mich fassungslos an. Aber dann fängt er sich schnell und nimmt mich liebevoll in den Arm. »Das ist großartig, so großartig«, brummt er mir ins Ohr und drückt mich dabei ganz fest an sich.

Und der Erfolg verleiht mir Flügel. Ich will mehr. Ich will zeigen, dass ich noch viel mehr kann, als nur diese paar Meter zu gehen. Ich nehme Marley an die Leine und laufe ein Stück auf dem Weg entlang. Jeder Schritt schmerzt. Ich beiße die Zähne zusammen, versuche das Gleichgewicht zu halten und komme immer schneller voran.

»Pass auf, dass Marley dich nicht umreißt«, ruft mir Martin unruhig zu. »Sieh mal, da hinten steht ein Pferd auf der Koppel. Wenn er das sieht, wird er vielleicht unruhig.«

Ich sehe mich zu Martin und Nicky um, sehe dann Marley an. Er steht neben mir wie ein Klosterschüler, so vorbildlich.

»Nee, nee, meine Lieben. Marley reißt mich nicht um. Im Gegenteil. Er weiß, dass er mir damit schadet, und er würde nie etwas tun, was nicht gut für mich ist.«

*

»Mama, das ist ja unfassbar! Warum hast du uns nichts erzählt?« Julian wirft mir eine Kusshand zu, als ich den Rollator langsam aus meinem Gärtchen schiebe und ihn dann zur Seite schubse und ohne weitergehe.

»Du hättest mir doch nicht geglaubt!«, rufe ich zurück.

Ich fühle mich wie auf einer Bühne. Ich bin der Star und bekomme den wohlverdienten Applaus. Und so bleibe ich stehen und sehe meine Zuschauer erwartungsvoll an.

»Mama, Mama, laufen«, juchzt Angelina, die sich bei ihrem großen Bruder eingehakt hat. Dabei stampft sie, so schnell sie kann, mit ihren Füßen auf, ballt die Fäuste und jubelt mir zu.

Julian hat Mühe, sie zu beruhigen. Das meine ich, wenn ich sage, dass behinderte Kinder so viel Freude schenken. Angelina freut sich, dass ich ohne Hilfsgeräte stehen und gehen kann, und sie zeigt das auch, genauso, wie sie es in dem Moment fühlt. Sie ist authentisch, unverfälscht. Eigentlich klasse.

Julian dagegen ist bereits vom Leben geprägt. Er weiß, wie man sich »zu freuen hat« und benimmt sich genauso. Ich liebe beide, jeden auf seine Art. Und ich bin glücklich und weiß, dass die beiden das heute auch sind.

Meine Kinder bleiben eine ganze Woche. Ich freue mich riesig darüber, zumal ich sie mit so einer tollen Nachricht überraschen konnte.

Ich habe ihnen bewusst nicht gesagt, dass ich Fortschritte beim Laufen mache. Als sie den Rollator im Flur gesehen haben, waren sie schon überrascht. Aber dass ich den für kurze Strecken gar nicht mehr brauche, war eine riesengroße Neuigkeit für sie.

Ich wollte ihre verdutzten Gesichter sehen. Und das kann ich gerade ausgiebig genießen.

»Mama, du bist klasse«, strahlt Julian und kommt mit Angelina an der Hand auf mich zu, nimmt mich fest in den Arm und streichelt mir aufmunternd über den Rücken. Meine Kinder freuen sich so sehr mit mir, das ist ein wunderbares Gefühl.

Meine Erwartungen sind eingetreten, Wirklichkeit geworden.

Die beiden sind nun viel häufiger hier als früher. Julian wohnt nach wie vor in Gelsenkirchen bei seinem Vater. Bevor ich am See wohnte, ist er lange Zeit selten gekommen. Es war ihm zu viel Fahrerei. Aber er liebt Hunde und findet Marley toll.

Genauso geht es Angelina. Ich bin sicher, sie ist in erster Linie wegen Marley hier. Wenn ich sie am Sonntag wieder in die Einrichtung zurückbringe, vertraut sie mir an, dass sie schnell wiederkommen wolle und plappert munter von ihren Plänen, mit Marley Stöckchen zu werfen und ihn mit Leckerlis zu verwöhnen. Es geht ihr mittlerweile auch so gut, dass sie kleine Sätze formulieren kann und viele Leute auf dem Platz wiedererkennt und ihnen fröhlich zuwinkt.

Der Grund für diese Kontaktfreudigkeit ist nicht zuletzt Marley. Er hat sie viel mutiger und aufgeschlossener gemacht. Mit ihrem vierbeinigen Freund an der Seite traut sie sich einfach mehr zu.

Der Hund tut uns wirklich allen gut, meine Kinder streicheln und knuddeln ihn stundenlang und streiten sich darum, vor wessen Bett er nachts schläft. Meistens gibt Julian nach und lässt ihn bei Angelina. Er ist eben der große Bruder. Ich freue mich sehr, dass wir ein so fröhliches Quartett sind. Mein Marley, er ist eine riesengroße Bereicherung für unser Familienleben.

Heute gehen wir noch an den See, und ich versuche, ein kleines Stückchen mitzugehen, ja, es ist so: Ich gehe. Frei. Ab und zu fasse ich hinüber zu Julian und suche seinen Arm. Er stützt mich dann ein paar Schritte, bevor ich, stabilisiert, allein weitergehe. Es ist ein unbeschreibliches Gefühl. Ich habe rechts und links meine Kinder und gehe, gehe, gehe. Es sind Momente wie auf Wolken.

Abends kochen wir zusammen, essen und erzählen, danach spielen wir »Mensch ärgere dich nicht«.

Marley beobachtet uns aus sicherer Distanz. Er ist vorsichtig. Denn Angelina kann nicht gut verlieren. Wenn sie sich ärgert, wischt sie schon mal mit einer spontanen Bewegung alle Spielfiguren vom Brett. Deshalb fühlt er sich am sichersten, wenn er unter dem Tischchen liegt und alle im Blick hat. Wenn ich zu ihm sehe, treffen sich unsere Blicke, und ich glaube dann immer, ihn lachen zu sehen.

Ich genieße solche Tage sehr. Sie bringen uns wieder zusammen. Dank Marley sind wir wieder eine richtige Familie.

*

»Marley? Was ist los?« Es ist einer der ersten schönen Frühlingstage, und ich pflanze gerade einen weiteren herrlich duftenden roten Rosenstock. Mein Garten soll noch schöner werden. Gleich ist es geschafft, und ich habe den Rest des Tages frei.

Auf dem Tischchen liegen zwei Zeitschriften, die ich später in Ruhe durchblättern möchte, der heiße Kaffee dampft schon in der Tasse und eine Schale mit leckeren Keksen steht daneben.

Marley hat eigentlich die ganze Zeit nur im Schatten gelegen und gedöst. Ich beobachte ihn genau, denn ich mache mir etwas Sorgen um ihn. Seit einiger Zeit wirkt er verändert. Offenbar kommt er mit der zunehmenden Frühlingswärme nicht zurecht. Er hat Mühe, längere Wege zu laufen und zieht es vor, einfach nur entspannt im Gras zu liegen.

Ich setze mich oft zu ihm und streichle ihn. Dann wedelt sein Schwanz, und er scheint sich auch wohlzufühlen. Und trotzdem ist etwas anders mit ihm. Bislang konnte ich das nicht einordnen, aber heute schrillen bei mir die Alarmglocken. Denn er atmet ungewöhnlich schwer und öffnet manchmal seinen Mund ganz weit, so, als bekäme er schlecht Luft. Ich habe ihm deshalb sein Körbchen herausgeholt, damit er es sich dort bequem machen und ich ihn noch besser beobachten kann.

Jetzt gerade klingt es so, als ob er sich an etwas verschluckt hätte. Er röhrt richtig. Ich sehe unruhig zu ihm hinüber. Was ist das? Er japst, die Augen treten aus den Höhlen, und sein Körper zittert.

Mit einem Satz bin ich bei ihm. Um Himmels willen! Marley erstickt. Das Maul ist weit aufgerissen, die Augen sind verdreht und die Beinchen merkwürdig verkrampft.

»Marley?«, rufe ich laut und schüttle ihn.

Er reagiert nicht.

»Jetzt hilft nur eine Mund-zu-Mund-Beatmung«, höre ich den Satz meiner Hundetrainerin und erinnere mich an den Moment, als wir im »Erste-Hilfe-Kurs für Hunde« das Thema Nothilfe durchgesprochen haben.

Ich schließe kurz die Augen, versuche, Ruhe zu finden und mich an die Griffe zu erinnern.

»Nur nicht nervös werden«, höre ich weiter die Stimme der Trainerin.

Und dann fange ich an: Ich lege Marley die Hand unter das Köpfchen, beuge mich über seine Nase und puste ihm Luft hinein. Dazu drücke ich seinen Brustkorb im Rhythmus des schlagenden Herzens.

»Marley, komm, lass mich nicht im Stich«, rufe ich. »Ich brauche dich doch. Komm! Atme! Los, komm zurück.«

Ich weiß nicht, wie oft ich mit der Hand auf seinen Brustkorb drücke, mich wieder und wieder zu ihm beuge, aber irgendwann schlägt mein kleines Tierchen die Augen auf, und wirklich: Marley atmet, gleichmäßig, sicher. Er lebt!

Ich schmiege mein Gesicht an seinen Körper, und meine Freudentränen versickern in seinem Fell.

»Marley«, flüstere ich ihm ins Ohr. »Marley, danke, danke, dass du bei mir bleibst.«

»Was ist los? Ist was mit Marley?«

Hermann steht aufgelöst hinter mir. Vermutlich hat ihn mein lautes Gepolter aufgeschreckt, denn beim Aufspringen habe ich einen Stuhl umgestoßen.

»Marley drohte zu ersticken, er hat sich nicht mehr bewegt. Er schien tot. Aber ich habe ihn zurückgeholt«, stammle ich immer noch aufgelöst und sehe Hermann mit meinen tränenverschmierten Augen an. »Hermann, es war ganz knapp. Um ein Haar hätte ich ihn verloren.«

Mit dem Hund im Arm lehne ich mich an das kleine Gartenhäuschen, versuche, mich zu beruhigen, indem ich ganz langsam und bewusst ein- und ausatme.

»Du, verzeih, aber ich bin völlig fertig. Diese Angst war furchtbar. Ich kann es nicht ertragen, ihn zu verlieren.«

Hermann setzt sich neben uns auf den Boden, nimmt mich in den Arm, und ich schluchze an seiner Brust meine ganze Angst hinaus.

»Marley, mein Marley«, murmle ich immer wieder leise und drücke das kleine Tier fest an mich. »Ich bin so froh, dass du noch da bist.«

Später bringt mir Hermann meinen längst kalt gewordenen Kaffee und die Kekse. Ich stärke mich auf dem Boden, neben Marley sitzend. Ich lasse ihn keine Sekunde allein. Aber es geht ihm recht gut. Er ist zwar noch geschwächt, hat aber schon wache Augen, und sein Herz schlägt gleichmäßig.

»Fährst du uns zum Tierarzt?«, frage ich schließlich, nachdem ich mich langsam von dem Schock erholt habe. »Ich bin zu nervös dazu!«

Hermann nickt. »Klar, dann komm. Lass uns keine Zeit verlieren.«

*

»Das Loch im Herzen ist größer geworden«, sagt mir Frau Dr. Schütze, die Tierärztin, der ich immer treu geblieben bin, und zeigt mir zum Beweis das neue Ultraschallbild.

»Sehen Sie hier. Ich lege Ihnen zum Vergleich die älteren Aufnahmen dazu.«

Und wirklich, man kann es gut erkennen. Das Loch hat sich allein im letzten Jahr deutlich vergrößert.

»Woran liegt das?«, will ich wissen.

»Es sind verschiedene Ursachen möglich. Das Herz versucht, gegen die Schädigung anzuarbeiten, der Herzmuskel ist ständig falsch belastet. Das kann diese Folge haben.«

»Und was mache ich jetzt?«

»Das Tier braucht unbedingt noch mehr Schonung, besonders bei Hitze. Sonst überlebt der kleine Kerl das Jahr nicht.«

Ich bin geschockt, aber auch dankbar für die offenen Worte.

Wenn ich weiß, was Marley braucht, kann ich entsprechend handeln.

Die Tierärztin sieht jetzt auf ihren PC. »Marley ist gerade mal vier Jahre alt, eigentlich ein junger Kerl. Aber behandeln Sie ihn lieber wie einen älteren Hund. Gehen Sie mehrmals täglich kleine Strecken und bei Hitze nur am Morgen und am Abend, das reicht.«

Ich nicke. »Das ist kein Problem. Ich habe ja Zeit und kann mir den Tag frei einteilen.«

»Das ist natürlich gut. Und ich schreibe Ihnen Tabletten auf. Medikamente, die das Herz entlasten, und Entwässerungstabletten für die Lunge«, fährt sie fort und zeigt noch einmal auf das Ultraschallbild. »Sehen Sie, in der Lunge ist Wasser. Die Atmung ist stark behindert, er wäre heute erstickt, wenn Sie nicht so rasch gehandelt hätten …«, sie stockt kurz, »… aber das wissen Sie ja.«

Ich nicke und spüre, dass mir schon wieder Tränen in die Augen steigen.

»Es war knapp«, murmle ich, während ich Marley tröstend am Hals kraule. »Und künftig müssen wir beide einen Gang runterschalten. Keine Tollereien mehr am See, dafür gemütliches Spazierengehen im Seniorentempo«, versuche ich zu scherzen und damit meine traurige Stimmung etwas wegzualbern.

»Ja, flanieren statt joggen. Das braucht er. Und setzen Sie sich zwischendurch auf eine Bank … Aber das ist leider noch nicht alles.«

Frau Dr. Schütze sieht mich jetzt ernst an.

»Wie ich anhand der Blutwerte sehe, hat Marley einen Leberschaden entwickelt. Es ist leider so, dass alle Medikamente über dieses Organ abgebaut werden.«

»Was bedeutet das denn?«, will ich ängstlich wissen. »Man stabilisiert sein Herz, um ihm zu einem längeren Leben zu verhelfen, und bringt ihn dann mit den Medikamenten um?«

»Es gibt keine Wirkung ohne Nebenwirkung!«, versucht sie mir zu erklären.

»War das denn abzusehen?«

Frau Dr. Schütze zuckt mit den Schultern.

»Jedes Tier reagiert anders auf Medikamente«, erklärt sie mir. »Man kann das nicht voraussagen.«

»Können wir Marley retten?«, frage ich, und meine Stimme klingt flehentlich.

»Ich gebe Ihnen ein spezielles Leberdiätfutter mit, dazu leberschonende Tabletten. Gönnen Sie ihm Ruhe.«

»Hat er Schmerzen?«

»Ein Leberschaden bereitet in der Regel keine Schmerzen. Beobachten Sie Marley. Achten Sie darauf, ob er sich verändert. Dann müssen wir abwägen, was zu tun ist.«

»Wie kann sich das denn äußern?«

»In seinem Fall kann sich die Atemnot verschlimmern, dazu kommt ein schlechteres Allgemeinbefinden. Er wird sich immer schlapper und schwächer fühlen. Aber wir versuchen, das noch möglichst lange hinauszuzögern, damit Sie noch viel von Ihrem kleinen Freund haben.«

Ich nehme Marley in den Arm, halte ihn ganz fest. Die Worte der Ärztin sind wie Messerstiche. Ich verstehe sehr wohl, was sie mir sagen will: Marley ist ernsthaft krank. Sein Leben ist in Gefahr. Ich bin verzweifelt.

Als Marley zurück zum Auto trottet, sieht man ihm die Krankheit an. Mein kleiner Freund wirkt kraftlos.

»Ich päpple dich wieder auf«, verspreche ich ihm, als ich die Heckklappe öffne und ihn vorsichtig hineinhebe. »Du wirst schon sehen, in ein paar Wochen bist du wieder fit wie ein Teenie.«

Hermann, der im Wagen auf uns gewartet hat, ist skeptisch. »Dann ist es ja jetzt vorbei mit unseren Fahrradtouren«, meint er traurig, als er nach einem Blick zu Marley den Wagen startet. »Ich bin ja sowieso nur ganz langsam geradelt, aber er hatte immer so viel Spaß, wenn er neben mir hertrotten konnte. Jetzt geht es also nur noch im Seniorenschritt in die Natur. Aber egal, Hauptsache, er ist bei uns, nicht wahr?«

»Natürlich. Das ist das Wichtigste! Er muss jetzt aber weiter Tabletten nehmen und sich sehr schonen, der Arme.«

»Das kriegen wir schon hin. Es gibt für alles eine Lösung! Weißt du was: Ich besorge dir einen Anhänger für das Rad. Damit kommt ihr beide an die Luft, und du kannst weiter deine Beine trainieren. Was meinst du?!«

Wenn ich Marley und Hermann nicht hätte …

Kapitel 10

»Nehmen Sie bitte Ihren Hund zurück!«

Die Frau mit dem Chihuahua an der Leine zischt mich mit blitzenden Augen an. »Der ist ja richtig aggressiv.«

Ich würde es ja gern tun, habe aber Mühe, Marley zurückzuhalten. Er knurrt den kleinen Hund wirklich richtig böse an und zerrt dabei wie verrückt an der Leine. Für einen Augenblick denke ich, er packt ihn tatsächlich gleich im Nacken und schleudert ihn herum.

Die Hundebesitzerin sieht das offenbar genauso und ist so in Sorge, dass sie ihr Hündchen ganz fix auf den Arm nimmt und kopfschüttelnd auf einen kleinen Nebenweg flüchtet.

»Marley, was sollte das denn?«, sage ich mit energisch klingender Stimme. »So kenne ich dich gar nicht. Warum bist du denn so aufgebracht?«

Ich bin mit Marley gerade mal zehn Minuten unterwegs und höchst irritiert, dass er so ausrastet.

Seit seinem Zusammenbruch vor einem Jahr hat er sich wieder recht gut berappelt. Mein Schon- und Pflegeprogramm hat sich ausgezahlt: Den restlichen Sommer über hat er die Hitze gut überstanden. Im Herbst sind wir beide fleißig geradelt: Ich strampelte, und Marley machte es sich in Hermanns Anhänger bequem; zwischendurch habe ich ihn immer nur kurze Strecken laufen lassen. Das war ein super Training, denn im Winter ist er dann mit mir an den trockenen und milden Tagen sogar wieder richtig flott um den See spaziert.

Marley ist insgesamt ein unkomplizierter Patient. Er spürt selbst, dass er sich schonen muss, macht alles langsamer und scheint die stressfreie Zeit im Krankenstand richtig zu genießen. Morgens liegt er lange im Körbchen, trottet dann kurz in den Garten und legt sich danach wieder entspannt ins Wohnzimmer, um von einem sicheren Plätzchen aus das weitere Geschehen zu beobachten. Jetzt im Frühling döst er gern im Garten vor sich hin, läuft höchstens einmal zu einem der Nachbarn, um sich dort ebenfalls wieder in den Schatten zu legen und zu entspannen.

Ich habe ihn immer im Auge, achte darauf, dass er sich nicht überanstrengt und sein Hecheln nicht zu stark wird. Ich behandle ihn wie einen vierbeinigen Kranken, und das klappt prima. Er darf sich für alles Zeit lassen, so viel er mag und braucht. Das tut ihm gut, und er wirkt fröhlich und zufrieden.

Aber heute ist das anders. Er hat gerade alles andere als entspannt reagiert und hätte den kleinen Chihuahua am liebsten angefallen. Ich bin ratlos.

Keine zehn Minuten später reagiert er ähnlich unkontrolliert auf einen Zwergpudel, aber dieses Mal schaffe ich es, schnell die Seiten zu wechseln.

Es ist eindeutig: Hunde scheinen ihn zu stressen. Schon seit einiger Zeit macht er einen Bogen um andere Tiere und lässt sie links liegen. Das habe ich bemerkt. Aber die Aggression heute ist neu. Er hat den winzigen Chihuahua gesehen und sofort losgeknurrt und die Zähne gefletscht. Er wollte absolut nicht, dass er ihm zu nah kommt. Ganz ehrlich, ich weiß nicht, ob es gut ausgegangen wäre, wenn der kleine Kerl nicht so schnell von seiner Besitzerin in Sicherheit gebracht worden wäre. Marley wirkte schon sehr böse.

»Das liegt an den Medikamenten«, vermutet Nicky, der

ich, zurück zu Hause, davon erzähle. »Vor ein paar Tagen hat er schon versucht, mir in den Arm zu zwicken. Dabei wollte ich ihn nur streicheln.«

»Wie? Er schnappt auch nach dir? Das ist doch ganz merkwürdig.«

»Fand ich auch. Ich hatte ganz vergessen, dir das zu sagen.«

Gemeinsam sehen wir uns jetzt die Beipackzettel an, und es stimmt, was Nicky vermutet: Die Wirkstoffe beeinflussen auch die Psyche.

Er bekommt zweimal täglich jeweils zwei Tabletten. Den Hinweisen nach können sie Tiere unruhig, nervös und auch ängstlich machen. Vermutlich reagiert er so aggressiv, weil er nicht weiß, wie er sich anders wehren soll. Die Tabletten machen ihn zu einem Angstbeißer. Mein armes Tierchen!

Und es wird nahezu täglich schlimmer. So bleibt mir nichts anderes übrig, als Marley nur noch mit einem Maulkorb spazieren zu führen.

Der Kleine kommt damit erstaunlich gut zurecht. Ich habe den Eindruck, er mag es sogar, vielleicht, um nicht in Versuchung zu geraten. Zumindest scheint es ihm die Angst zu nehmen, sich mit anderen Hunden messen zu müssen. Jedenfalls läuft er lieb neben mir her, und wir haben so wenigstens wieder eine entspannte Zeit zusammen.

Abends liegt er mit mir auf dem Sofa, und ich streichle ihn unentwegt. Davon kann er gar nicht mehr genug bekommen. Er legt sein Köpfchen auf meine Beine und schnurrt genüsslich wie eine Katze, wenn ich ihm Hals und Bauch kraule. Er braucht meine Nähe, am liebsten vierundzwanzig Stunden am Tag. Und ich brauche sie auch.

*

Ich bin mittlerweile den ganzen Tag über auf den Beinen, fahre zum Einkaufen, koche, spaziere zum See und genieße mein ganz neues Leben als »Läuferin«. Gut, natürlich brauche ich zwischendurch viele Pausen, in denen ich meinen Fuß schonen muss. Ich kann auch keine längeren Strecken zurücklegen, sondern höchstens eine Viertelstunde am Stück auf den Beinen sein. Aber ich meistere meinen Alltag.

Der Rollstuhl? Ach ja, an den kann ich mich kaum mehr erinnern. Er steht in der Garage, ganz weit nach hinten geschoben, versteckt hinter Kartons. Ich will ihn im Moment nicht sehen.

»Du erlebst ein Wunder«, meint Hermann zu mir und schüttelt den Kopf, als er an diesem Sommersonntag bei mir am Kaffeetisch sitzt und mich locker auf zwei Beinen herumhantieren sieht.

Die Kinder sind mit Marley am See. Julian hat dieses Wochenende seine Freundin dabei. Mein kleines Reich platzt aus allen Nähten. Aber ich genieße das Gebrauchtwerden, das Tempo, das junge Menschen in mein Leben bringen – und die beständigen Fortschritte, die ich mache, tun mir so gut, dass ich alles mit links schaffe.

»Hättest du das gedacht, mein Lieber?«

Ich schenke Hermann Kaffee nach und lege ihm dann inniglich den Arm um die Schulter. »Sag ehrlich?«

Hermann lächelt, schüttelt den Kopf.

»Ganz ehrlich, keine Sekunde. Ich habe immer gedacht: Lass die Kleine doch träumen. Das gibt ihr Kraft!«

»Ich weiß, das haben alle gedacht. Lass die Kleine mal, die spinnt.«

Ich setze mich wieder in meinen Gartenstuhl und verschränke siegessicher die Arme vor meiner Brust.

»Weißt du was, ich habe morgen einen Termin bei meinem Hausarzt, Dr. Kerner. Erinnerst du dich? Ich habe dir von ihm erzählt. Ich muss wieder zur Kontrolle meines Fußes, obwohl ich im Moment keine ungewöhnlichen Beschwerden habe. Er hat bei meinem letzten Besuch im Frühjahr auch gedacht, ich spinne, als ich ihm von meinen Gehversuchen erzählte. Er hat mir mit Sicherheit kein Wort geglaubt und gedacht, ich fantasiere mir das zurecht. Das hat mich schon etwas verletzt. Und es nimmt einem die Hoffnung. Das darf man nicht!«

»Was willst du ihm denn morgen sagen?«, fragt Hermann.

»Dass es nie aussichtslos ist und dass man Menschen unterstützen muss, wenn sie etwas wirklich wollen und bereit sind, dafür zu kämpfen.«

Ich nippe an meinem Kaffee, bevor ich weitersprechhe.

»Weißt du, ich habe das immer schon auf der Zunge gehabt. Aber was bringt es, wenn es ein Traum geblieben wäre. Dann hätte er mir mitleidig die Hand gedrückt und gedacht, ich wäre verrückt. Das hätte nichts gebracht. Aber jetzt werde ich zu ihm kommen, auf meinen eigenen Füßen, und werde ihm sagen, dass vieles möglich und es wichtig sei, Unterstützung zu bekommen. Zumindest ein Arzt muss einem Patienten doch helfen.«

»Dir hat Marley geholfen, das weiß ich!«

»Geholfen? Hermann, mein Marley hat ein Wunder vollbracht. Ihm verdanke ich, dass ich gleich zum See laufen kann. Marley hat es geschafft, mit seiner Treue, seiner Anhänglichkeit, seiner Liebe. Ich wollte laufen können, weil ich ihm ein schönes Leben bieten wollte. Er hat doch nur mich. Wer nimmt schon einen schwer herzkranken Hund? Niemand. Er wäre doch ohne mich irgendwo elendig im Tierheim krepiert.«

Ich rede mich jetzt richtig in Rage.

»Ich kann das beurteilen, weil ich ja auch fast elendig krepiert wäre, alleingelassen vom Rest der Welt, alleingelassen mit Schmerzen und Hoffnungslosigkeit.«

»Aber …« Hermann möchte garantiert einwerfen, dass er immer für uns da war. Das stimmt auch, ich weiß es, aber ich unterbreche ihn trotzdem und lasse ihn nicht zu Wort kommen.

»Marley hat mir vertraut, an mich geglaubt. Ich wollte für ihn laufen können. Immer wenn ich mich im Studio oder hier mit dem Beintrainer quälte, habe ich mir vorgestellt, dass Marley und ich irgendwann wieder am See entlanglaufen würden.«

»Aber wir waren immer für euch da …«, wirft Hermann im zweiten Anlauf ein, und ich gebe jetzt auch Ruhe. Hermann hat alles Recht der Welt, das zu sagen. Denn hier auf dem Platz habe ich viele Menschen kennengelernt, die sich um uns beide gekümmert haben. Ich will nicht undankbar sein, wirklich nicht, deshalb gebe ich Hermann einen Kuss auf die Wange.

»Ihr seid großartig, alle hier, das sage ich aus vollem Herzen.«

Mit einem Ruck stelle ich die Tasse ab.

»Komm, lass uns zum See gehen. Die Kinder warten auf uns. Und morgen Mittag berichte ich dir, was ich beim Arzt erlebt habe.«

*

Dr. Kerner, mein Hausarzt, sieht mich an, als ob ich eine Außerirdische wäre.

»Guten Morgen«, flöte ich und strahle ihn mit meinem breitesten Lächeln an.

Er ist so irritiert, dass er nicht einmal meinen Gruß erwidert, sondern mich nur von oben bis unten mustert.

»Sie kommen ohne Rollstuhl …«, stottert er schließlich und fasst mir an den Oberarm, so als wollte er verhindern, dass ich in seinem Behandlungszimmer gleich lang hinschlage.

»Ja, ich gehe ohne Hilfe. Und ich möchte, dass Sie das sehen und sich mit mir freuen.«

Ich bin bewusst freundlich. In der Nacht habe ich darüber nachgedacht. Er hat es ja nicht böse gemeint und bestimmt wirklich geglaubt, dass ich ein aussichtsloser Fall wäre. Ich bin nicht verärgert, ich will ihm nur auf nette und charmante Weise zeigen, dass er nie aufhören darf, an Wunder zu glauben, seinen Patienten zuliebe.

»Und wie ich mich freue«, sagt Dr. Kerner, und sein Blick bleibt skeptisch, weil ich immer noch auf meinen Füßen stehe und keine Anstalten mache, Platz zu nehmen.

»Die Schmerzen. Was ist mit Ihren Schmerzen?«, fragt er jetzt und bittet mich nachdrücklich, mich doch zu setzen.

Ich schüttle den Kopf.

»Ich stehe, keine Sorge. Ich bin wirklich fit.« Ich gehe bewusst leichtfüßig in seinem Zimmer auf und ab. »Sehen Sie, es ist nicht nur behauptet, es ist alles echt.«

Dr. Kerner lacht. »Real, aber unglaublich. Ich warte immer noch, dass die Ehrlich Brothers aus der Tür kommen und alles hier nur eine Illusion ist.«

»Die Versteckte Kamera«, albere ich mit und setze mich dann doch in den bequemen Stuhl.

»Nein, Spaß beiseite, lieber Herr Doktor. Es ist nicht so, wie ich es Ihnen gerade vermittelt habe. Mein Fuß schmerzt bei jedem Schritt. Aber ich halte es aus. Weil ich es will. Weil ich laufen will und diesen Rollstuhl nicht mehr sehen kann.«

»Verraten Sie mir, was Sie gemacht haben? Es kann doch nicht nur an der Schmerztherapie gelegen haben.«

»Training, Training, Training ist das eine, und das andere ist: Ich hatte einen Grund für all die Quälerei. Ich wollte für meinen herzkranken Hund da sein. Wir beide haben nur uns, das gibt uns Kraft. Ich kann wieder laufen, und mein kleines Tierchen lebt tapfer mit einem immer größer werdenden Loch im Herzen. Wir sind zwei hilflose Wesen, aber gemeinsam sind wir stark.«

Dr. Kerner hat sich mittlerweile gefasst.

»Sie glauben gar nicht, wie sehr ich mich für Sie freue«, sagt er später beim Abschied. »Es ist schön, dass wir Mediziner auch Wunder miterleben dürfen.«

»Mein Wunder heißt übrigens Marley«, sage ich, schon im Türrahmen stehend.

»Grüßen Sie Marley, er hat einen perfekten Job gemacht.«

Als ich in den Fahrstuhl steige, kullern mir die Tränen. So viele Male habe ich mich hier mit meinem Rollstuhl hineingezwängt, einige Male war Hermann dabei und hat mich und das Ding hineinbugsiert. Jetzt stehe ich hier ganz frei, drücke den Knopf zur Tiefgarage und bin mir sicher, trotz aller Katastrophen in meinem Leben das große Los gezogen zu haben.

Marley muss einen direkten Draht nach oben haben. Gott liebt die Shepherds offenbar ganz besonders.

*

»Take me home, country road …« Ich summe die Melodie mit und drehe mich melodisch auf der Tanzfläche.

Mit Nicky bin ich spontan um kurz vor Mitternacht losgefahren, in die nächste Disco. Wir beiden Frauen hatten einfach

Lust zu tanzen, und ich habe gelernt, dass man den Moment leben muss. »Wer wartet, hat schon verloren«, lautet meine Devise.

Ich bin dem Tod so oft von der Schippe gesprungen, ich will nicht länger warten. Ich will aus dem Glas des Lebens trinken, solange noch etwas darin ist. Und heute nehme ich einen besonders großen Schluck.

Ich schließe die Augen und wiege mich zur eingängigen Melodie. Ich liebe das Leben!

Gut, es ist nicht alles rosig, und auch im Moment ist es ein Drahtseilakt. Mein linkes Bein ist zwei Zentimeter kürzer als das rechte. Je mehr ich zu Fuß gehe, und das mache ich gerade ständig, desto mehr verschiebt sich die Statik meines Skeletts. Das hat mir Dr. Kerner bei aller Freude über meine Fortschritte natürlich auch gesagt. »Sie werden Probleme bekommen«, hat er mir prophezeit. »Übertreiben Sie es nicht, und gehen Sie zu einem Orthopäden, der Ihnen die richtigen Schuhe empfiehlt und verschreibt.«

Ich habe zugestimmt, aber bis heute keine Lust auf orthopädische Schuhe.

»Tanzen wir zusammen?«

Ein nett wirkender Mann steht vor mir.

»Country Road …«

Ich sehe hinüber zu Nicky. Aber auch sie hat bereits einen Flirt gefunden.

»Warum nicht?«, antworte ich und lächle charmant.

»Wollen wir eine Pause machen und etwas an der Bar trinken?«, fragt mich meine Disco-Bekanntschaft nach dem Ende des Songs viel zu schnell.

Aber ich habe Lust zu flirten und lasse mich auf das Spiel ein.

Er bestellt mir einen Cocktail und sich selbst ein Bier. Uwe ist in meinem Alter und angeblich Single. Ich hinterfrage das nicht, sondern glaube ihm. Es ist schön, mal wieder umschwärmt zu werden. Im Rollstuhl passiert einem das nicht.

Er scheint von mir so angetan zu sein, dass er auch meine natürlich immer ein bisschen sichtbare Gehbehinderung nicht registriert.

Wir bleiben an der Bar sitzen und üben uns in Small Talk. Irgendwann an dem Abend ist Nicky neben mir auf den Barhocker geschlüpft, und wir albern zu dritt herum und genießen die Stimmung, die Leichtigkeit.

»Seht ihr euch wieder?«, fragt Nicky später, als wir im Taxi sitzen und uns leicht angetrunken nach Hause kutschieren lassen. Wir kichern wie Teenager, und ich raune vielsagend: »Vielleicht.«

Nicky knufft mir in die Seite. »Glaube ich nicht, du und Männer, das ist ja ein ganz besonderes Kapitel.«

»Das sagt die Richtige«, kontere ich.

»Stimmt, wir sind ja beide gebrannte Kinder. Aber ich denke, ich mache mich auch noch mal auf Partnersuche. Immer allein zu sein ist auch doof …«

»Stimmt, aber ob das Schicksal Uwe für mich ausgesucht hat?«, sage ich lachend. »Ich habe seine Handynummer. Mal sehen, was sich ergibt.«

Es ergibt sich viel!

Uwe sitzt keine zwei Tage später bei mir im Vorgarten und erzählt mir von großen Gefühlen und einer gemeinsamen Zukunft. Ich gebe zu, er gefällt mir. Er ist stattlich, durchtrainiert, hat einen wunderbaren Humor. Die Zeit mit ihm vergeht wie im Flug.

»Bist du verliebt?«, will Nicky wissen, als sie mich am Abend ausfragt und alles von unserem Treffen haarklein erfahren will.

Wir sitzen vor dem Fernseher, schauen eine *Tatort*-Folge, und ich bin in Gedanken ganz woanders.

»Glaubst du, dass Hunde Gedanken lesen können?«, frage ich Nicky und wechsle damit abrupt das Thema.

Entsprechend irritiert ist sie.

»Wie kommst du denn jetzt darauf?«

»Beantworte doch einfach meine Frage«, beharre ich und orientiere mich an der gerade gesehenen Verhörtechnik der Fernsehkommissarin.

»Ich glaube, sie spüren, was gut und was schlecht ist. Es sind sehr intuitive Wesen. Aber warum fragst du?«

»Marley mochte Uwe nicht!«

»Woran hast du das bemerkt?«

»Er hat sich vor ihn gesetzt und ihn keine Sekunde aus den Augen gelassen.«

»Das ist normal. Er ist eifersüchtig. Er will sein Frauchen nicht teilen.«

»Nein, das war anders. Das will er ja nie und lässt Fremde immer nur ungern in meine Nähe. Aber dieses Mal war er richtig unter Hochspannung. Es war so, als wäre er ständig auf dem Sprung. Er hat sich nicht einen Moment lang hingelegt und ausgeruht. Marley hat Uwe ganze drei Stunden, so lange war er bei mir, unentwegt fixiert. Ich denke, er hat Gefahr gewittert.«

»Welche Gefahr denn?«, wiegelt Nicky ab. »Uwe ist doch kein Triebtäter, und wenn, wäre es aufgefallen. Ich hätte dich schreien hören, gerade mal zehn Meter Luftlinie entfernt.«

»Mach dich nicht lustig«, sage ich grinsend. »Aber echt, Nicky, das war komisch. Ich bin sicher, etwas stimmt nicht mit ihm.«

Nicky scheint das Thema jedoch nicht mehr sonderlich zu interessieren. Sie ist gedanklich mehr bei unserem *Tatort*, aber mich lassen die Gedanken, dass mit Uwe etwas nicht stimmen könnte, nicht mehr los.

Nachdem Nicky gegangen ist und ich mit Marley noch eine kurze Abendrunde gedreht habe, setze ich mich an den PC und google die halbe Nacht nach ihm. Er hat mir seine Karte gegeben, allerdings nur mit Namen und Handynummer, ohne Adresse. Trotzdem finde ich ihn, dank Facebook und Instagram.

Und dabei entdecke ich, was ich vermutet habe: Er ist ein Schwindler. Uwe ist verheiratet, hat ganz offenbar drei Kinder – und statt Versicherungsvertreter ist er Installateur, seine kleine Firma musste er vor einem Jahr schließen. Von wegen Single, von wegen wohlsituiert. Alles nur Show, vermutlich für eine Affäre, die auf einem entfernten Campingplatz nicht so schnell auffällt. Aber nicht mit mir!

Als Uwe am nächsten Tag anruft, konfrontiere ich ihn damit. Ich will keinen Ehemann, will keine Liebschaft sein und finde es schäbig von ihm, mir Gefühle vorzugaukeln. Er weicht aus, erzählt mir, dass er längst geschieden sei, meine Infos nicht stimmten. Aber er verhaspelt sich und muss angeblich schnell auflegen, weil er einen wichtigen Termin mit einem Kunden habe.

Ja, ja, ich weiß genau, was Sache ist. Und ich weiß auch, dass ich nie wieder etwas von Uwe hören werde.

Klar bin ich enttäuscht. Ein liebevoller Partner würde mir guttun. Aber ich kann es nicht erzwingen. Und was ich nicht gebrauchen kann, sind weitere Probleme.

»Danke, Marley, du hast dir heute ein paar extra Leckerlis verdient«, sage ich jetzt und sehe meinem Hund dankbar in die Augen.

»Auf dich ist eben Verlass. Du lässt dir nicht, so wie ich,

von ein paar Komplimenten den Kopf verdrehen und hast auch keine Schmetterlinge im Bauch, die dir mit ihrem Flügelschlag den gesunden Menschenverstand austreiben.«

Marley ist aufgestanden und steht schwanzwedelnd vor meinem kleinen Schreibtisch.

»Du behältst einen kühlen Kopf und wirst dich schon rühren, wenn Mr. Right meine Wege kreuzt, stimmt's.«

Marley lacht mich an. Ja, wirklich. Marley kann ja lachen, und zwar so herrlich unbekümmert, wie ich es mir immer für mich gewünscht habe. Ich kann noch viel von ihm lernen.

*

»Es muffelt bei dir. Was ist los?«

Julian ist gerade angekommen. Er steht in meinem Wohnzimmer und schnuppert mit angewidertem Gesicht herum. »Sorry, aber es riecht nach Urin. Kann Marley nicht mehr hinausgehen?«

»Doch, klar, er ist mittlerweile jede Stunde draußen«, antworte ich und nehme meinen Sohn zur Begrüßung erst einmal innig in den Arm. »Schön, dass du da bist, mein Schatz«, sage ich, merke aber, dass er in Gedanken bei seinem vierbeinigen Freund ist.

Also nehme ich das Thema auf und komme wieder auf Marley zu sprechen. »… aber er verliert trotzdem Urin. Seit ein paar Tagen ist es besonders schlimm.«

»Bekommt er denn regelmäßig seine Tabletten?«, fragt Julian besorgt und hockt sich zu Marley ans Körbchen.

»Ja klar, natürlich. Er bekommt alles, aber ich habe immer große Mühe, dass er seine Pillen nimmt. Er will am liebsten in Ruhe gelassen werden.«

»Er hat mich nicht einmal begrüßt«, stellt Julian betrübt fest. »Das kam noch nie vor.«

Ich setze mich zu den beiden ans Körbchen, streichle Marley über den Kopf. Er sieht mich träge an. Ob er überhaupt wahrnimmt, dass Julian da ist?

»Weißt du, er ist ganz anders geworden. Er ist ein richtiges Sorgenkind. Er will kaum mehr laufen, frisst schlecht und mag sich nicht anfassen lassen. Er ist gar nicht mehr wiederzuerkennen.«

Ich sehe Julian mit tränenfeuchten Augen an. »Ich habe richtig Angst. Morgen fahre ich zum Tierarzt. Bitte komm mit.«

Julian nickt.

»Klar, Mama, hoffentlich ist es mit seinem Herzen nicht noch schlimmer geworden.«

Er hält Marleys Kopf in beiden Händen und sieht ihm fest in die Augen.

»Was hast du denn, mein Großer?«, murmelt er. »Du lässt doch Mama nicht allein, hörst du!«

Ich schlucke. Ich habe Angst um Marley.

*

»Ihr Hund ist schwer krank«, erfahre ich am nächsten Tag von Frau Dr. Schütze. »Es ist nicht nur das Herz!«

Mehr als zwei Stunden bin ich in der Praxis, und Marley wird in dieser Zeit von Kopf bis Fuß durchgecheckt. Später liegt er erschöpft auf der Behandlungsliege und genießt es sehr, dass ich ihm die sich sanft hebende und senkende Brust kraule.

Allein das ist schon ein Alarmzeichen. Denn Marley hasst neuerdings Tierarztbesuche, lässt sich nur noch mit Maulkorb behandeln, und jede weitere Untersuchung ging bislang nur mit Narkose.

Aber jetzt nimmt er alles geduldig hin, leckt mir dankbar die Hand und scheint sich in sein Schicksal zu fügen, oder besser gesagt: Er scheint sich aufzugeben. Er liegt ganz teilnahmslos da, wirkt fast schon apathisch.

Armer Marley, er tut mir so leid. Ich stecke meinen Arm ganz vorsichtig unter seinen Kopf und flüstere ihm aufmunternde Worte ins Ohr.

»Wir kriegen das hin, Kleiner. Halt durch. Morgen geht es dir besser.«

Marley reagiert kaum noch auf meine Zuwendung. Schlaff liegt sein Körper in meinen Armen. Selbst sein sonst immer so wacher und aufmerksamer Blick ist starr und stumpf. Vor Schmerz?

Die Ärztin vermutet, dass es mehr ein allgemeines Unwohlsein ist. Er bekommt nicht mehr richtig Luft, fühlt sich ständig schlapp und hat keine Lebensfreude mehr.

Es zerreißt mir das Herz, meinen vierbeinigen Freund leiden zu sehen. Das ist das Schlimmste.

Als ich ihn mit Julians Hilfe heraustrage, zittert sein schmal gewordener Körper. Es geht ihm nicht gut.

Zurück zu Hause wird es mit ihm nicht besser. Marley mag das teure Diätfutter nicht fressen und wird dann sogar auch mir gegenüber aggressiv. Und jetzt fällt es mir wie Schuppen von den Augen. Nicht seine Psyche hat sich geändert und ihn ängstlich gemacht, nein, er hat sich vermutlich immer nur schlecht gefühlt, müde und deshalb energisch andere Hunde auf Abstand gehalten. Ich habe das völlig falsch eingeschätzt. Aber was hätte ich tun sollen? Ihm noch mehr Medikamente geben? Die hätten seine Leber doch noch mehr belastet, und das hätte vermutlich weiteres körperliches Unwohlsein ausgelöst.

Mein Marley braucht Hilfe, ganz dringend. Doch ich will eine zweite Meinung und sage das auch der Tierärztin beim nächsten Besuch ganz offen. »Es ist kein Misstrauen«, erkläre ich ihr. »Aber vier Augen sehen mehr als zwei, und ich würde mir nie verzeihen, wenn ich nicht alles versucht hätte, um meinen kleinen Freund zu retten.«

»Machen Sie sich darüber keine Gedanken«, meint Frau Dr. Schütze verständnisvoll. »Ich fürchte nur, mein Kollege wird Ihnen nichts anderes sagen.«

Ich lasse es darauf ankommen und fahre mit Marley zu einem anderen Tierarzt, den mir Freunde empfohlen haben.

Dr. Winter, ein groß gewachsener, drahtiger Mann mit halblangen blonden Haaren und warmen Augen sieht sofort meine Not. Zusammen heben wir Marley auf den Behandlungstisch, und der Mediziner blickt mich mehr als ernst an. Ich habe Marleys bisherige Blutwerte mitgebracht und sie ihm gezeigt. Er sieht sofort, dass es kritisch ist, und untersucht ihn noch einmal genau. Er hört sein Herz ab, kontrolliert die Schleimhäute. Die sind gräulich verwaschen. Ein ganz schlechtes Zeichen, wie ich von ihm erfahre.

»Es besteht leider keine Aussicht auf Besserung mehr«, sagt er dann unvermittelt und fügt schnell hinzu: »Es tut mir leid, aber ich will nicht drum herumreden. Der Hund ist todkrank. Sie haben alles für ihn getan. Sie müssen ihn erlösen.«

Ich erstarre, bekomme einen Moment lang keinen Ton heraus. Wieder und wieder rattern die Sätze des Arztes durch meinen Kopf. Ich brauche Zeit, um zu realisieren, was ich gerade gehört habe.

»Nein, nein«, rufe ich dann panisch aus. »Er darf nicht gehen. Sie kennen meine Geschichte nicht. Dieses Tier bedeutet alles für mich. Es hat mich gerettet. Wenn dieser Hund stirbt, sterbe ich auch.«

Alles um mich herum dreht sich jetzt, mir wird schwindlig, ich halte mich verzweifelt an der Liege fest. Ganz sachte streichle ich Marley über den Kopf, lächle ihn an. »Mein Kleiner, es tut mir so leid.«

Ich sehe ihn an, und in dieser Sekunde treffen sich unsere Blicke. Marley ist ganz ruhig, sieht mich so unendlich entspannt mit seinen braunen Kulleraugen an.

In dem Moment fällt es mir wie Schuppen von den Augen. Er ist dankbar, wenn er gehen darf. Er kann nicht mehr. Deshalb stimme ich Dr. Winters Vorschlag schließlich auch ohne weiteres Zögern zu, so schwer es mir fällt. Es gibt keine Alternative.

Ich streichle wieder und wieder Marleys Kopf. So, als ob ich ihn in eine andere Welt hinüberbegleiten würde.

Marley leckt sanft meine Hand. Er tut es wohl mit letzter Kraft. Er liegt da, auf der Seite, atmet ganz ruhig und wartet, dass ich ihn erlöse. Es ist unfassbar, sogar im Abschied ist er ein wunderbares Tier.

»Mein Marley, mein Marley«, möchte ich schluchzen. Aber ich will nicht, dass er mich leiden sieht. Er weiß genau, wie es aussieht, wenn es mir schlecht geht. Er soll nicht mit diesem Bild gehen. Das hat er nicht verdient.

Deshalb schlucke ich meine Tränen hinunter und atme tief durch, um den Kloß in meinem Hals loszuwerden.

»Hier, bitte helfen Sie mir. Wir legen Marley auf eine Decke!« Dr. Winter steht mit einem flauschigen Fleece vor mir. Marley leckt wieder meine Hand. Er ist so dankbar für jedes bisschen Zuwendung und Liebe, die er in seinen letzten Momenten bekommt.

Mein Marley, er weiß, dass mein Herz überquillt vor Liebe. Ich möchte ihn mit dieser Liebe überschütten, damit er ganz viel davon mitnehmen kann in seine neue andere Welt.

Und während ich Marley einfach nur festhalte und ansehe, stellt der Arzt kleine Teelichter in dem Behandlungsraum auf, zündet sie an und dimmt das Deckenlicht. Er zaubert eine friedvolle Stimmung. Ich bin ihm so dankbar für diese Einfühlung. Es duftet nach Vanille, und der flackernde Kerzenschein nimmt der Wirklichkeit die Härte.

Ich setze mich zu Marley auf die Decke, umschlinge ihn sanft mit meinen Armen und flüstere ihm ins Ohr, was mich mit ihm verbindet. Immer wieder und wieder sage ich ihm, wie dankbar ich ihm bin. »Du bist mein Wunder, Marley. Dir verdanke ich, dass ich auf eigenen Beinen in ein neues Leben laufen konnte.«

Und dann streichle ich seinen schwachen, mageren Körper und merke, dass er schon kaum mehr auf meine Berührungen reagiert.

Marley ist ganz kurz vor der Regenbogenbrücke angekommen. Gleich ist es vorbei.

Dr. Winter steht jetzt mit der Spritze vor uns, und für einen Moment glaube ich, die Besinnung zu verlieren. Mein Fuß, er schmerzt plötzlich höllisch. Ich befürchte, auf der Decke an Marleys Seite zusammenzubrechen.

Aber das darf nicht sein. Ich muss stark sein, für Marley. Er hat es verdient.

»Sie können so lange bleiben, wie Sie möchten. Der Raum gehört Ihnen und Marley. Für die anderen Patienten habe ich noch zwei weitere Behandlungszimmer. Sie können bleiben, bis die Praxis schließt.«

Die Kerzen flackern und geben ein warmes, wohliges Licht.

Von draußen scheint die Sonne ins Fenster. Marley hat es so geliebt, in der Sonne zu tollen. Nun hat er die Sonne zum letzten Mal gesehen, für immer.

»Mein Kleiner, wir sehen uns wieder«, flüstere ich ihm als letzte Sätze in sein Öhrchen. »Dort, wo die Sonne immer scheint und wir keine Schmerzen mehr haben müssen, du und ich.«

Marley atmet ruhig weiter. Ich spüre, er fühlt sich frei. Ich lege meine Hand auf sein nur noch langsam pochendes Herz.

Als Dr. Winter die Nadel einsticht, zuckt er nicht einmal zusammen. Er nimmt es vermutlich nicht mehr wahr. Er will nur noch Ruhe und Frieden.

Ich streichle seine Brust. Gleich wird die Substanz sein Herz erreichen, und es wird für immer aufhören zu schlagen. Ich spüre es durch sein Fell hindurch.

Eins, zwei, drei.

Aus!

Marley ist tot.

Ich höre, dass Dr. Winter die Tür hinter sich ins Schloss zieht. Ich bin allein und kann den Schmerz nicht ertragen. Ich halte meinen Lebenshund in den Armen, lehne mich an die Wand und weine stumm meinen Schmerz hinaus. Und dabei sage ich ihm, wie viel er mir bedeute und dass ich ihn niemals vergessen werde, weil ich ihm mein Leben zu verdanken habe.

Marleys kleiner Körper ist immer noch warm, und ich halte sein Köpfchen in meiner Handfläche.

Und in meinem Kopf drehen sich die Erinnerungen. »Weißt du noch, Marley, als ich dich zum ersten Mal gesehen habe? Du bist immer an mir hochgesprungen. Du wusstest, dass ich dich, nur dich brauche!«

Ich erzähle ihm von unseren ersten Ausflügen, und wie sehr

er mir seine Freude gezeigt habe, wenn wir immer ein Stückchen weiter hätten gehen können. Ich erzähle ihm von den Momenten, in denen er mich angeblinzelt habe, weil ich es geschafft hätte, mich an der Wand entlangzuhangeln. Und ich erzähle ihm, wie schön es gewesen sei, ganz ohne Hilfsmittel mit ihm herumspazieren zu können.

Und jetzt bin ich frei, kann gehen, wohin ich will, und Marley ist fort.

»Lieber Gott, pass auf meinen Hund auf. So lange, bis du auch mich zu dir nimmst, versprich es.«

Ich habe mich in den letzten Jahren nicht mehr bekreuzigt. Nun tue ich es und sehe dabei hinaus in den mittlerweile milchig blauen Himmel.

Es ist dreizehn Uhr, die Praxis schließt.

Ich höre eine Stimme.

Dr. Winter blickt vorsichtig herein.

»Brauchen Sie Hilfe?«

Ich schüttle den Kopf.

Die Teelichter sind ausgebrannt. Unser Abschied vorbei.

Dr. Winter reicht mir seine Hand und hilft mir mit einem Ruck auf die Beine.

»Wollen Sie ihn bei sich behalten?«, möchte er wissen. »Er kann eingeäschert werden, und Sie können ihn dann mit nach Hause nehmen.«

Einen Moment denke ich darüber nach. Aber dann schüttle ich den Kopf. »Marley mag keine Enge. Er kann nicht in einer kleinen Urne sein. Nein, seine Seele braucht Freiheit.«

Dr. Winter nickt.

»Ich verstehe Sie gut.«

»Wissen Sie, ich nehme den Hund in meinem Herzen mit nach Hause, und dort bleibt er, für immer.«

Dr. Winter spürt, dass zwischen Marley und mir eine ganz besondere Verbindung besteht. Er schiebt mich sanft hinüber in sein Büro.

Wir sind ganz allein in der Praxis. Er hat seine Mittagspause und bietet mir einen Kaffee an.

»Bitte bleiben Sie noch einen Moment. Erzählen Sie mir, was sie beide verbunden hat. Ich spüre, es ist etwas ganz Einmaliges.«

Ich bin dankbar, dass er nach Marley fragt. Er ist auch für ihn nicht nur irgendein Tier.

Und dann erzähle ich ihm aus meinem Leben, und warum ich heute hier auf zwei Beinen aus der Praxis gehen kann.

Dr. Winter hört aufmerksam zu und irgendwann wischt er sich verstohlen eine Träne aus den Augen. Marley erreicht jeden. Ich bin ganz gerührt über so viel Mitgefühl.

Als mich der Arzt wenig später zur Tür bringt, habe ich Mühe zu laufen. Zurück im Auto geht es mir richtig schlecht. Ich habe plötzlich starkes Herzrasen. Die Trauer und die Angst, es ohne Marley nicht zu schaffen, sind eindeutig zu viel.

Ich brauche Hilfe und rufe Hermann an.

»Hermann, Marley ist tot«, platze ich heraus und reiße mich zusammen, um nicht wieder weinen zu müssen.

Hermann kann es zuerst gar nicht glauben und will alles wissen, fragt immer wieder nach. Und dann reagiert er sofort: »Warte, ich hole dich ab. So kannst du nicht fahren.«

Zwanzig Minuten später ist er bei mir, stellt seinen Wagen direkt neben meinem ab und öffnet schweigend die Fahrertür.

»Komm, rutsch rüber. Ich bringe dich jetzt nach Hause.«

Die Rückfahrt mit Hermann geht schweigend vonstatten. Ich starre auf die Straße, knete nervös meine Finger und bekomme keinen Satz heraus. Wie wird es sein, ins Haus zu kommen und den leeren Korb zu sehen, die Leinen, die Decke, seinen Futternapf?

»Ich bleibe noch ein bisschen bei dir, und wir reden«, schlägt Hermann vor.

Ich schüttle den Kopf.

»Nein, nein, ich möchte allein sein.«

Ich sehe Hermann von der Seite an, versuche, ein Lächeln hinzubekommen.

»Mach dir keine Sorgen, wirklich nicht. Ich schaffe das. Aber ich brauche jetzt nichts als mein Bett. Ich muss mich ausheulen. Morgen geht es mir besser.«

»Wie du möchtest«, meint Hermann rücksichtsvoll. »Melde dich, wenn du Hilfe brauchst. Zögere nicht. Ich bin für dich da. Aber … ach was, das weißt du ja.«

Ich nicke.

»Ich bin so froh, dass ich dich habe. Ich muss mir noch überlegen, wie ich es den Kindern beibringe. Das wird nicht leicht.«

*

Die ersten Tage ohne Marley sind grausam. Ich weine nur. Julian rufe ich an und erzähle, was passiert ist. Er weint mit mir am Telefon. Mein großer Sohn, er zeigt so viel Gefühl.

Angelina sage ich nichts von Marleys Abschied. Ich möchte warten, bis sie zu Besuch kommt. Es ist keine Nachricht, die ich ihr am Telefon überbringen kann.

Am Wochenende darauf hole ich sie ab – fahre jedoch nicht direkt mit ihr nach Hause, sondern erst einmal an den See. Ich kann sie nicht mit dem leeren Hundekörbchen konfrontieren, denn ich weiß nicht, wie sie darauf reagieren wird. Das ist mir zu riskant. Aber draußen, am See, da kann ich ihr das sagen. Da sind wir allein in der Natur, und sie kann vermutlich besser damit zurechtkommen.

Ich setze mich mit ihr auf eine Bank, frage nach ihren Freunden, danach, was sie in der Woche alles erlebt habe, und als sie mit Erzählen fertig ist, bringe ich die Sprache auf das traurige Thema.

Langsam und sanft bereite ich sie vor, erzähle, dass es Marley schlecht gegangen sei und er vermutlich auch Schmerzen gehabt habe – und er jetzt nicht mehr da sei, weil wir ihm die Schmerzen hätten nehmen müssen. Ich erkläre es ihr mit ganz einfachen Worten, weil es für sie so am besten zu verstehen ist.

Sie bleibt ganz still, weint nur stumm. Sie haut nicht, wie von mir erwartet, um sich oder schreit ihren Schmerz heraus. Nein, nichts. Sie sitzt nur stumm auf der Bank, schaut auf das Wasser und weint stumme Tränen.

Zu Hause sehen wir uns Fotos an: Meine Tochter mit Marley unterwegs, beim Spielen am See, mit Leckerlis auf einem Spazierweg.

Angelina kichert und lacht dabei. Aber dann wird sie traurig, drückt die Bilder an ihr Herz und stammelt immer wieder: »Marley, Marley, wiederkommen.«

Er wird nicht wiederkommen. Ich erspare es ihr, das zu sagen. Sie soll ruhig davon träumen, ihren kleinen Freund wieder vor dem Bett liegen zu haben. Das ist ein sanfterer Abschied.

Es wird lange dauern, bis wir mit unserem Schmerz zurechtkommen werden.

Kapitel 11

Der See glänzt unwirklich im Sonnenlicht, und auf der Wasseroberfläche spiegeln sich die Bäume, die das Ufer säumen. Es ist eine herrlich entrückte Stimmung an diesem Spätsommerabend. Die Temperaturen sind noch mild, und ich bin am Ufer, weil das Wasser Abkühlung verspricht. Ich weiß nicht, wie lange ich jetzt schon auf der kleinen verwitterten Holzbank sitze und in das nur einen halben Meter von meinen Füßen entfernte glasklare Wasser sehe.

Insekten tanzen auf der Oberfläche. Auf dem Seegrund erkenne ich zwei kleine Fische, die munter ihre Kreise drehen, das Schilf wiegt sich kaum merklich im lauen Wind.

Ich sehe gern in das Wasser, beobachte die feinen Kräusel, die der Wind auf die Oberfläche zaubert. Ich sehe auch gern auf den See, oder besser: über den See. Die Weite gibt mir Ruhe. Zumindest war es immer so. Ich habe genau hier schon zahllose Stunden gesessen, einfach vor mich hin gedöst und einfach nur gefühlt, wie schön das Leben sein kann.

Im Moment fühle ich aber etwas anderes: grenzenlose Trauer und eine tiefe Verlorenheit. Denn ich sitze heute nicht hier, wie in all den Jahren zuvor, mit Marley. Ich sitze hier allein.

Marley ist jetzt schon zwei Monate tot, aber ich gewöhne mich nicht daran, ohne ihn zu sein. Ich sehe meinen treuen Gefährten immer vor mir.

Wenn ich morgens die Augen öffne, fällt mein Blick zuerst auf sein leeres Körbchen, und sofort ist mein Herz betonschwer.

Und dann begleitet mich sein Bild durch den ganzen Tag. Ich sehe ihn immer und überall. Mein Herz ist so voller schöner Erinnerungen, dass sie mich durch den ganzen Tag begleiten.

Als ich später nach Hause zurückkehre und Nicky noch zu einem Glas Wein im Garten einlade, spricht sie genau das an.

»Der Korb muss weg«, sagt sie ohne Umschweife. »Sonst bleibst du in der Vergangenheit kleben.« Ich schüttle nur trotzig den Kopf und antworte bestimmt: »Der bleibt!«

»Aber Marley hätte nicht gewollt, dass du so traurig bist!«

Nicky gibt nicht auf. Sie will mich aufmuntern, und ich mag sie dafür. Aber ich weiß nicht, wie das gehen soll. Fast fünf Jahre haben Marley und ich hier auf relativ engem Raum miteinander gelebt, und er war das Lebewesen, das die meiste Zeit mit mir verbracht hat.

»Wir kaufen dir einen neuen Hund!«, hat Hermann mir auch schon vorgeschlagen und mir gleich Zeitungsannoncen vorgelegt. Aber ich sah sie gar nicht an. Es geht nicht. Klar möchte ich mir wieder irgendwann einen Hund holen, aber er wird nie die Bedeutung haben, die Marley besaß. Das geht nicht, und das weiß ich, deshalb will ich noch weitertrauern und halte die Gefühle aus. Ich weiß, dass es wichtig ist, sie zuzulassen. Damit ich irgendwann loslassen und fröhlicher als jetzt weiterleben kann.

Ich gehe ganz bewusst abends zu meiner Bank, denke an Marley, ja, spreche mit ihm.

»Hey, mein Kleiner, ich weiß, dass du mich hörst …«, und dann erzähle ich, was ich tagsüber gemacht habe, was ich für Pläne schmiede und was mich belastet. Ich erzähle niemandem davon, weil ich weiß, dass man mich für verrückt erklären würde. Aber es tut mir gut.

»Du musst nach vorn sehen. Da passiert das Leben«, appelliert Nicky erneut an mich und serviert uns zwei Stück Quiche, die sie selbst gemacht hat. »Hier, damit du dich stärkst. Du isst doch so gut wie nichts mehr. Das sehe ich doch.«

Ich schmunzle, nehme Nicky in den Arm. Sie ist wirklich eine tolle Freundin. Und ich esse später auch mit großer Freude ihre Quiche.

Aber meine Zeit mit Marley, die darf sie mir nicht nehmen.

»Ich brauche Zeit«, antworte ich ihr sanft. »Ich hatte einen Begleiter, dem ich mein neues Leben verdanke. Ich kann ihn nicht vergessen. Das Schicksal hat ihn zu mir gebracht und ihn mir auch wieder aus dem Herzen gerissen. Die Wunden müssen erst heilen.«

*

»Kerstin! Du, ich musste gerade zweimal hinsehen, um dich wiederzuerkennen. Du bist schlank geworden.«

Die Frauenstimme holt mich aus meinen Gedanken. Ich sitze in meinem kleinen Gärtchen und mache ein bisschen Büroarbeit. Rechnungen bezahlen, Anschaffungen mit der Krankenkasse abrechnen, Zuzahlungen prüfen. Jetzt sehe ich über die Banklehne hinweg in ein bekanntes Gesicht.

»Tina! Du hier. Das ist ja klasse.«

Ich lege sofort die Papiere weg und gehe ans Törchen. »Komm herein. Mensch, ich bin ja baff. Wie kommst du denn zu mir? Ausgerechnet heute und ohne Anmeldung.«

Tina ist meine Jugendfreundin. Wir kennen uns aus der Schule. Sie ist eine schöne Frau, schlank, mit einem fein geschnittenen Gesicht und kurzen blonden Haaren. Sie lebt heute in Niedersachsen, kommt aber im Sommer immer zu

Besuch. Seitdem ich am See lebe, ist sie schon mehrmals bei mir gewesen. Aber sie meldet sich normalerweise immer zeitig an.

»Du wolltest doch erst in zwei Wochen kommen?«, frage ich irritiert, nachdem ich sie mit einer langen, innigen Umarmung begrüßt habe.

»Stimmt, aber ich habe eine Überraschung geplant und war einfach zu neugierig, wie du darauf reagieren würdest. Deshalb bin ich schon jetzt gekommen, ganz spontan.«

»Du bist toll«, strahle ich. »Ich bin doch so neugierig. Wann lässt du die Katze aus dem Sack?«, sage ich lächelnd. »Spann mich bloß nicht weiter auf die Folter.«

Ich mag Tina. Sie ist eine herzliche, einfühlsame Frau, die immer zu spüren scheint, was die Menschen bewegt. Wir können wunderbar miteinander sprechen. Sie hört zu und äußert auch oft genau den Rat, den man sich als Betroffener wünscht.

Tina arbeitet als Kauffrau, ist geschieden und lebt seit einiger Zeit allein. Ihr Sohn wohnt in Berlin.

Jetzt sitzt Tina neben mir und lächelt mich an.

»Ich habe ein Geschenk für dich!«, sagt sie geheimnisvoll. »Möchtest du es sehen?«

Ich rutsche gespielt aufgeregt hin und her. »Und ob. Am liebsten jetzt gleich.«

Tina legt ihre Hand auf meinen Arm.

»Komm, lass uns gehen. Ich habe es im Auto …«

»Hat es etwas mit Marley zu tun? Du hast so eine Bemerkung gemacht«, frage ich neugierig nach.

Tina zuckt mit den Schultern.

»Keine Ahnung. Du musst dich schon gedulden.«

Tina kannte Marley. Sie hat ein riesengroßes Herz für

Hunde und meinen kleinen Kerl ganz besonders gern gehabt. »Er ist kein Hund«, hat sie immer gesagt. »Er ist ein Mensch mit Fell!«

Und für diesen Menschen mit Fell und sein Frauchen hat sie sich offenbar etwas ganz Besonderes überlegt. Als sie ihr in der Nähe geparktes Auto aufschließt, bittet sie mich, die Augen zu schließen.

»So, schön hier stehen bleiben!«, sagt sie leise, fasst mit beiden Händen an meine Oberarme und schiebt mich vor die Haube. Ich höre, dass die Kofferraumklappe aufspringt. Papier knistert. Ich bin gespannt, halte aber Wort und meine Augen geschlossen.

»Komm, lass uns hineingehen«, meint Tina. »Aber schön die Augen zulassen.« Sie zieht mich jetzt am Arm hinter sich her in mein Haus. Die Tür ist wie immer geöffnet. Hier schließt niemand ab.

»Hallihallo«, flötet Tina. »Augen auf!«

Auf meinem Sofa steht ein etwa hundert mal achtzig Zentimeter großes Bild von Marley. Es ist sein Gesicht, das wie immer so freundlich lacht. Man sieht seine strahlenden Augen, seine Zunge. Mein Lieblingsfoto von ihm.

Aber es ist nicht nur ein Foto. Beim genauen Hinsehen erkenne ich, dass es glitzert. Tina hat offenbar das Bild vergrößern lassen und es über und über mit kleinen Glitzersteinen beklebt. Jetzt wirkt das Foto wie ein in vielen Facetten geschliffener Diamant, aus dessen Innerem Marley lacht.

Sein Blick trifft mich direkt ins Herz, und ich kann die Tränen nicht zurückhalten.

Als ich mich bei Tina für dieses super schöne Geschenk bedanken will, bekomme ich vor Ergriffenheit kaum ein Wort heraus und stammle nur »danke« und »Das ist so großartig«.

Tina ist sogar so taktvoll und lässt mich einen Moment allein. Sie kennt mich gut, weiß, dass ich in diesem Augenblick meine Tränen nicht kontrollieren kann.

»Du musst ja ewig daran gearbeitet haben«, sage ich später, als wir an meinem kleinen Terrassentisch im Sonnenschein sitzen und einen leckeren Salat essen.

Die Haustür steht offen, und ich kann von meinem Platz aus mein Sofa und damit auch das Bild sehen.

»Ja, das stimmt. Aber du und Marley, ihr beide seid mir jede Minute wert gewesen. Ich habe mich gleich am Tag nach Marleys Tod an die Arbeit gemacht. Ich wollte dir etwas Unvergessliches schenken, etwas, das dich immer an deinen Hund erinnert: sein Lachen.«

»Das ist dir gelungen!«

Ich streiche Tina dankbar über die Wange. »Du bist eine tolle Freundin.«

»Und als tolle Freundin frage ich dich heute auch, was du vorhast. Möchtest du dir nicht wieder einen Hund zulegen?«

»Später ja, aber noch ist es zu früh!«

»Und möchtest du am See wohnen bleiben?«

Ich schweige – ehrlich gesagt, weil ich genau darüber gerade sehr viel nachdenke und kurz davor bin, eine Entscheidung zu treffen.

»Ich habe das Gefühl, hier nicht mehr glücklich zu werden«, antworte ich dann aber sehr ehrlich. »Kennst du das?«, frage ich Tina und sehe sie fest an. »Du spürst, dass ein Lebensabschnitt vorbei ist und du etwas ändern musst?«

»Das kennt wohl jeder. Ich hatte das zum letzten Mal bei meiner Scheidung.«

»Dann verstehst du mich. Irgendwie finde ich mich hier nicht mehr zurecht. Marley und ich, wir hatten eine wunderbare Zeit, und ich habe es hier geschafft, wieder laufen zu lernen. Das macht diesen Ort zu etwas ganz Besonderem.«

Ich stehe schnell auf und hole ein Fotoalbum.

»Sieh mal, erinnerst du dich? Damals warst du hier und hast mich noch geschoben.«

Ich halte Tina ein Foto hin. Es zeigt uns beide. Aufgenommen hat es Hermann am See.

»Und jetzt sieh her!« Ich stelle mich in die Mitte des Raumes, breite meine Arme weit aus und tanze lebhaft durch den Raum.

»Du wirst es nicht glauben, ich war gestern in der Disco und habe mich richtig ausgerockt. Es geht mir gut. Ich brauche zumindest im Moment keinen Rollstuhl mehr.«

Ich rutsche zu Tina auf das Sofa. »Weißt du, mein Leben ist heute anders als vor fünf Jahren. Damals habe ich gedacht, ich würde hier noch ein bisschen herumrollen, und das war's dann.«

»Und das war's nicht?«

Ich schüttle den Kopf.

»Nee, das war's wirklich nicht. Bevor Marley starb, hatte ich zeitweise das Gefühl, Bäume ausreißen zu können. Ich fühlte mich so stark, mutig und unternehmungslustig, und das Ganze auf zwei Beinen. Es ging mir wirklich richtig gut, unerwartet gut. Jetzt hat mir Marleys Tod einen Schlag versetzt. Aber ich komme aus dem Tal auch wieder raus, und dann will ich, dass mein Leben anders weitergeht. Dank Marley bin ich nicht mehr auf dem Abstellgleis. Ich will noch etwas erleben.«

»Und von was träumst du?«, will Tina wissen.

»Von einem normalen Leben. Hier, das ist nicht real. Hier kommen Menschen her, um abzuschalten, Ruhe zu finden.

Viele leben nur im Urlaub hier. Ich brauche wirkliches Leben. Meine Zeit hier ist wohl vorbei.«

»Wohin willst du ziehen?«

»Ich will in der Nähe von Angelinas Einrichtung bleiben. Also steht die Region fest. Aber ich suche mir eine kleine behindertengerechte Wohnung. Ich weiß ja nicht, ob ich dauerhaft so fit bleibe, und dann noch einmal umziehen will ich nicht.«

»Stimmt. Du kannst dir eigentlich in Ruhe etwas suchen.«

»Genau, ich werde versuchen, mein Häuschen zu verkaufen. In der Verwaltung liegen immer Anfragen vor. Ich denke, das wird schnell klappen.«

»Und parallel suchst du schon nach einer Wohnung?«

»Genau, drei Zimmer, dann habe ich immer ein Gästezimmer für Julian und Angelina. Und ich möchte einen Garten. Daran habe ich mich hier gewöhnt und möchte diesen Luxus auch nicht mehr missen. Aber mal sehen, ob das klappt.«

*

Und es klappt tatsächlich. Die Verwaltung vermittelt mir drei Interessenten für mein Häuschen. Innerhalb von vier Wochen ist der Kaufvertrag unterschriftsreif. Ich gehe mit einem satten Plus aus der Verhandlung. Aber ich habe noch keine neue Bleibe und zögere, den Vertrag zum jetzigen Zeitpunkt zu unterschreiben. Ich müsste kurz vor Weihnachten ausziehen, und ich habe schlichtweg Angst, nicht rechtzeitig etwas Passendes zu finden.

»Lass das sein«, bestärkt mich auch Hermann. »Ich habe hier schon einige unglückliche Gesichter gesehen. Ruckzuck bist du obdachlos.«

Ich möchte tatsächlich kein Risiko eingehen und zögere so lange, bis die neue Käuferin ungeduldig wird und abzuspringen droht.

Aber da sich in meinem Leben neuerdings alles fügt, bekomme ich rechtzeitig eine erlösende Nachricht. Katja, eine gute Bekannte, die auch ein Ferienhäuschen am See besitzt, hat von meiner Wohnungssuche gehört. Sie schreibt mir per WhatsApp, dass im fünfzig Kilometer entfernten Vorort von Gronau die Wohnung ihres verstorbenen Vaters frei sei: achtzig Quadratmeter Wohnfläche, ebenerdig und behindertengerecht, mit einem vierhundert Quadratmeter großen eigenen Garten.

»Mehr dazu, wenn du schnell vorbeikommst!«, lese ich im Display.

»Ich komme!«, tippe ich sofort in mein Handy und stehe keine zwei Minuten später vor ihrem Gartentörchen.

»Kannst du mir das mal aufzeichnen!«, bitte ich sie bei einem Glas heißen Tee, lege ihr schnell ein mitgebrachtes Blatt Papier hin und drücke ihr einen Kugelschreiber in die Hand.

Katja zeichnet den Grundriss, nennt den Preis, und ich sage spontan: »Passt. Ich nehme die Wohnung!«

Zwei Tage später ist die Besichtigung, und ich bin begeistert. Mein neues Zuhause muss von mir renoviert werden, ist aber hell, sehr gepflegt, hat sogar zwei kleine Bäder und eine etwas in die Jahre gekommene Einbauküche, die ich mir aber einfach modernisieren kann.

Ich unterschreibe noch am selben Abend den Mietvertrag.

Zum ersten Februar kann ich einziehen. Zeitgleich verkaufe ich mein Mobilheim. Jetzt ist es fix. Ich beginne ein neues Leben.

An diesem Abend nehme ich Abschied. In den letzten Wochen habe ich mich nun doch von allen Dingen, die Marley gehörten, getrennt: seinem Körbchen, Decken, Handtüchern. Ich spürte, dass ich mich befreien musste.

Aber seine Leine habe ich behalten. Die soll bei mir bleiben, bis ich selbst meine letzte Reise antrete. Mit der Leine mache ich mich später auf den Weg zum See. Aber ich laufe nicht, ich nehme den Rollstuhl. Es ist eine Fahrt in die Vergangenheit und zurück. Und während ich den ruckeligen Spazierweg entlangrolle, die Leine auf den Knien, laufen die Jahre am See im Zeitraffer in meinem Kopf ab: Ich sehe Marley als Welpen, wie ich ihn eng an mich gedrückt aus dem Auto ins Häuschen trage. Ich sehe ihn als strammen jungen Burschen mit Hermann zur großen Tour aufbrechen, und ich sehe ihn mit Angelina am Seeufer tollen. Marley liegt mit mir im Garten, trottet neben meinem Rollstuhl her, und als ich mich wie schon so oft auf unsere Bank setze und ein letztes Mal als Bewohnerin der Anlage auf den See gucke, sitzt er neben mir, den Blick zum Horizont gerichtet. Die Zeit mit meinem Freund war schicksalhaft. Sie ist vorbei. Adieu, Marley!

Kapitel 12

Der Neustart ist härter als gedacht. Die Wohnung hat doch mehr Mängel als erwartet und muss komplett renoviert werden. Zum Glück habe ich meine wunderbaren Freunde, die mir helfen. Ohne sie würde ich es nicht schaffen.

Martin übernimmt viel an technischen Arbeiten. Er beherrscht das perfekt. Auch Bärbel, eine der vielen guten Freunde vom Platz, weicht nicht von meiner Seite. Sie hat erst vor Kurzem ihren Mann durch einen Hirntumor verloren. Ich kannte ihn gut, habe ihn sehr gemocht und bin jetzt viel mit Bärbel zusammen. Das hilft uns beiden durch die Trauerzeit. Sie hat ihren Mann verloren und ich meinen Hund. Natürlich kann man das nicht vergleichen. Aber wir beide lieben und müssen loslassen.

Bärbel ist handwerklich ähnlich geschickt wie ich und eine Meisterin im Tapezieren. Bis in die Nacht hinein steht sie mit mir auf der Leiter, klebt und streicht, bis auch der letzte Raum in frischen Farben erstrahlt.

Als ich nach vier Wochen Schufterei Marleys Bild ins Wohnzimmer hänge, habe ich vier Kilo abgenommen und bin komplett erschöpft.

Doch Marley strahlt mich an, wenn ich mein Wohnzimmer betrete. Das große Bild hängt an der Stirnwand. Er ist da. Das macht mich stark.

Und genau das brauche ich auch. Denn ich bekomme die Quittung für meine Schufterei: eine Lungenentzündung mit

Herzrhythmusstörungen. Der Arzt bremst mich aus. Ich habe wieder Bluthochdruck und damit ein erhöhtes Schlaganfallrisiko. Ich brauche Bettruhe, komme ansonsten ins Krankenhaus.

»Na, meine Liebe, dann nehmen wir jetzt mal eine Auszeit«, meint Bärbel und steht von nun an jeden Morgen vor der Tür, um mir zu helfen. Sie kauft für mich ein, bekocht mich, hilft mir im Alltag. Dank ihrer Pflege erhole ich mich rasch, begreife aber, dass ich zwar laufen kann und beweglich bin, aber nur langsam mein neues Leben beginnen darf.

Danach lebe ich mich gut ein, aber im Schleichtempo. Einmal in der Woche fahre ich an den See. Es sind fünfzig Kilometer, aber ich fahre die Strecke gern. Auf dem Platz treffe ich meine Freunde. Fünf Jahre kann man nicht einfach abhaken. Es sind Bindungen entstanden, ich hoffe, lebenslang.

Im Anschluss besuche ich Angelina, die sich in ihrer Einrichtung nach wie vor pudelwohl fühlt. Wenn ich in ihr Zimmer komme, hat sie schon einen Arbeitstag in der Werkstatt hinter sich, ist müde und zufrieden. Meistens ruft sie schon von Weitem »Mama« und düst auf mich zu.

Sie ist lieb, solange sie ausgelastet und zufrieden ist. Im Heim ist sie das. Ich streichle sie immer zur Begrüßung. Das mag sie. Und ich sage ihr, dass ich sie sehr lieb habe. Das hört sie zu gern. Wir machen dann Pläne, wann sie das nächste Mal wieder zu mir kommt und was wir zusammen unternehmen wollen. Meistens möchte sie mir im Garten helfen oder gemeinsam Kuchen backen.

Oft zeigt sie mir auch ein Spiel, das sie gerade auf dem iPad spielt, oder wir sehen uns zusammen einen Tierfilm an. Dann gluckst sie vor Freude. Aber wenn ich dann gehe, ist ihr das auch recht. Sie winkt mir nach und bleibt gern zurück in ihrer Welt. »Zuhause«, sagt sie gern. Sie ist nun erwachsen.

*

Das Meer ist für die Nordsee ungewöhnlich warm. Ich liege auf dem Rücken und lasse mich treiben vom Wellenspiel. Sanft umspült das Salzwasser meinen Körper. Ich habe die Augen geschlossen und spüre jede Zelle in meinem Körper.

Die Wärme der Sonne, das Alleinsein in einer ganz anderen Umgebung. Ich fühle mich gut.

Seit zwei Tagen mache ich Urlaub in Carolinensiel, und der räumliche Abstand zu meinem alten Leben tut mir gut. Wenn ich hier auf dem Deich spazieren gehe, habe ich nicht ständig Marley vor Augen und den Schmerz im Herzen. Aber in meinem Kopf drehen sich zunehmend Worte wie »loslassen« und »vorwärts«. Marley hat mir ein neues Leben geschenkt. Ich muss es jetzt nutzen und darf mich nicht verkriechen und nur den Verlust beweinen.

»Du hast so viel geschafft«, hat meine Freundin Bärbel gesagt. »Jetzt musst du auch den Absprung schaffen!«

Recht hat sie, und hier an der Nordsee pustet mir der Meereswind die Wehmut aus der Seele und schafft Platz für Lebensfreude. Ich bin wieder beweglich und habe Lust auf das Leben. Jetzt muss ich mich nur noch auf die richtigen Gleise setzen, damit es nach vorn geht.

Ich habe ein Hotel für eine Woche gebucht und erhoffe mir, hier oben Klarheit zu finden. Ich will und muss neue Wege gehen, aber ich muss sie langsam gehen, und es müssen die richtigen sein. Ich möchte hier Kraft schöpfen, aber auch den Neubeginn planen. Die Knochen meines Fußes sind brüchig. Dass ich auftreten kann, ist ein Wunder. Wunder geschehen, das habe ich erlebt. Aber sie müssen nicht für immer sein. Ich weiß das und muss auf alles gefasst sein und jeden Tag lieben und nutzen.

An der Nordsee trainiere ich das, indem ich ganz bewusst lebe, mir Freude suche, Glück in mein Herz lasse. Ich bummle gern durch den Ortskern. Ich mag die kleinen roten Ziegelhäuschen, die winzigen Geschäfte, den frischen Wind, der immer um die Häuser pfeift. Ich nehme all das nicht nur wahr, ich werde ein Teil davon. Das ist Leben.

Vor einer Tierhandlung bleibe ich wie angewurzelt stehen. Im Fenster hängt eine Leine. Es ist genau die, die ich einmal für Marley gekauft habe.

»Na, mein Kleiner, magst du ausgehen!«, habe ich ihn immer gelockt und dabei die Leine gezeigt. Marley hat sich dann ganz brav hingesetzt, mit dem Schwänzchen gewackelt und gewartet, dass ich ihn anleine.

Jetzt hängt genau diese Leine im Schaufenster, und der Anblick tut einfach nur weh.

»Das ist ein Tag wie gemalt«, sagt eine Stimme neben mir. Ich sehe mich überrascht um und blicke in zwei blaue Augen, die mich fröhlich anstrahlen.

»Entschuldigen Sie, ich heiße Thomas!«

Der Mann streckt mir freundlich seine Hand entgegen. Ich ergreife sie nur zögerlich. Ich fühle mich nicht gut, möchte am liebsten losheulen. Aber ich kann doch vor einem Fremden nicht in Tränen ausbrechen, wenn er mich so nett anspricht. Zumal er kein wirklich Fremder ist. Ich habe ihn schon einmal bei mir im Hotel gesehen. Er ist dort mit seiner Familie, genauer mit seiner Frau und seiner etwa fünfzehn Jahre alten Tochter. Aufgefallen ist er mir, weil er so liebevoll mit seiner

Familie umgegangen ist. Ich habe beim Frühstück zugegeben etwas neidisch das Zusammensein beobachtet und wehmütig daran gedacht, dass es meine Familie nicht mehr gibt. Bernd lebt in unserem ehemals gemeinsamen Haus, Julian bei seinem Vater, Angelina in einem Heim – und ich allein und zu viele Kilometer entfernt. Das Leben spielt ein undurchsichtiges Spiel mit uns.

»Ich wohne im selben Hotel und habe Sie gestern schon gesehen«, fährt Thomas fort.

Ich lächle, vermeide es anzumerken, dass ich ihn auch gesehen hätte.

Er ist groß, breitschultrig, hat lockige braune Haare, einen Dreitagebart und bis auf einen kleinen Bauch eine gute Figur.

Thomas scheint etwas älter zu sein als ich, wirkt gelassen und ruhig, mit der richtigen Portion Sportlichkeit.

»Haben Sie etwas dagegen, wenn ich ein paar Schritte mit Ihnen gehe?«

Ich schüttle den Kopf. Und dann erzählt er mir, dass er Techniker bei der Bahn sei, im Schichtdienst arbeite und einfach ein paar Tage Ruhe suche.

»Ich liebe die Nordsee«, erzählt er weiter, und wir tauschen Belanglosigkeiten über das Wasser, den Sand, das Leben am Strand aus.

Thomas ist nett, wirklich, und ich wundere mich, dass er sagt, allein unterwegs zu sein, frage aber nicht weiter.

Als wir uns nach einer halben Stunde verabschieden, weil Thomas zurück möchte und ich noch etwas an den Strand, bin ich ein bisschen wehmütig. Eine neue Liebe, ich traue mich kaum, davon zu träumen.

Zurück im Hotel sehe ich Thomas wieder. Er sitzt im Foyer, liest eine Zeitung. Ich nicke ihm zu, signalisiere aber deutlich, dass ich direkt in mein Zimmer müsse. Ich habe kein Interesse an einem gebundenen Mann.

Am nächsten Morgen steht Thomas plötzlich mit einer Tasse Kaffee vor mir, fragt, ob er sich zu mir setzen könne.

Ich bin überrascht. Der Frühstückstisch, an dem die Familie immer saß, ist heute nicht mal eingedeckt.

»Ja gern«, nicke ich, bin aber nun schon neugierig.

»Ich trinke meinen Kaffee nicht gern allein«, baut Thomas mir eine Brücke.

»Wo ist denn Ihre Familie?«

»Abgereist. Aber das war geplant!«

»Ach so, und wie lange bleiben Sie noch?«

»Bis Montag. Und Sie?«

»Ich auch!«

»Dann können wir ja etwas gemeinsam unternehmen!«, meint Thomas.

Ich mag diese charmant-aufdringliche Art, kann gut damit umgehen. Aber nicht, wenn sie zu einem Familienvater gehört.

»Ich denke, das wäre Ihrer Frau sicher nicht recht!«, sage ich direkt.

»Meiner Frau? Ich bin nicht verheiratet …«

»Dann eben Ihrer Partnerin, also der Dame, die mit Ihnen am Tisch saß!«

»Meine Schwester. Das ist meine Schwester«, meint Thomas. »Meine Nichte hat sich gewünscht, ein paar Tage ans Meer zu fahren, und dann wurde ruckzuck eine Familienreise daraus. Eigentlich wollte ich allein fahren. Aber letztlich war es besser so. Denken Sie jedoch bitte nicht, dass ich mich jetzt einsam fühle und wahllos Anschluss suche. Ehrlich gesagt, möchte ich Sie gern kennenlernen.«

Thomas lächelt. »Sie haben so eine sympathische Art.«

Ich bin einen Moment lang sprachlos. Dieser attraktive Mann ist wirklich frei. Was gibt es da wohl für einen Haken? Und während ich mir darüber Gedanken mache, sitzt Thomas schon lächelnd an meinem Tisch und reicht mir ein Stückchen leckeren Kuchen, den er schnell vom gleich neben unserem Tisch aufgebauten Büfett geholt hat.

»Mögen Sie Süßes zum Frühstück?«

Ich schüttle den Kopf. Daraufhin beißt er mit spielerisch verdrehten Augen in das Kuchenstückchen. Er ist wirklich köstlich.

Wir sitzen lange zusammen an diesem Morgen.

Thomas hat natürlich bemerkt, dass ich nicht problemlos laufe, und spricht mich dezent darauf an. Ich erzähle gern offen meine Geschichte, und er ist ein aufmerksamer und interessierter Zuhörer. Ich erzähle von Angelina, meinem Schlaganfall, meinem Unfall, der verpfuschten OP und natürlich von meinem Leben im Rollstuhl und meinem Neustart auf zwei Beinen, dank eines Wunders auf vier Pfoten.

Und dann krame ich in meiner Handtasche nach meinem Handy, scrolle durch die Fotos und zeige ihm Marley.

»Hier, sieh mal, ich sage einfach du, das ist der Hund, dem ich so viel verdanke!«

»Das ist ja ein wirklich schönes Tier«, erwidert Thomas, und mit seiner Aufmerksamkeit erobert er mein Herz im Sturm.

Und noch etwas bringt ihn mir so nah.

Thomas entpuppt sich als Hundefreund. Er hatte sogar einmal einen Australian Shepherd. Ich kann das kaum glauben, und als er mir auf seinem Handy ebenfalls seinen süßen Vierbeiner präsentiert, sprudeln wir beide über vor lauter Hundeliebe.

Wir trinken mittlerweile den dritten Kaffee, und ich fühle mich so vertraut mit ihm, dass ich es auch wage, ihm persönliche Fragen zu stellen. Und er bleibt mir keine Antwort schuldig.

Thomas ist geschieden, hat eine erwachsene Tochter und lebt seit vier Jahren allein in Hannover. In meinem Kopf rechne ich die Distanz zwischen uns aus.

Thomas scheint Gedanken lesen zu können. »Das sind vierhundert Kilometer«, sagt er wie aus der Pistole geschossen, und ich fühle mich ein bisschen ertappt.

An diesem Tag denke ich mir keine Ausrede mehr aus. Im Gegenteil. Ich sage sogar ganz offen, dass ich mich über seine Gesellschaft freuen würde.

Als wir gemeinsam zum Strand gehen wollen und ich noch meine Sonnenbrille aus dem Auto hole, sieht er den Rollstuhl im Kofferraum.

»Für wen ist der denn?«, meint Thomas und zeigt durch die Heckscheibe auf den zusammengeklappten Stuhl.

»Das ist meiner!«, entgegne ich und sehe, dass Thomas irritiert ist.

»Wie? Das ist deiner? Du läufst doch?«

»Ja, klar, aber ich habe ihn auf Reisen immer dabei. Für längere Strecken ist es sicherer, und manchmal weiß ich auch nicht, ob mein Fuß nicht plötzlich, sagen wir, eine Krise bekommt.«

Thomas hakt mich jetzt vertraut unter. »Dann versuchen wir es erst einmal ohne, und wenn du nicht mehr kannst, muss ich dich eben tragen. Du bist ja ein Leichtgewicht.«

Ich mag diese Fürsorge, das Umsorgtwerden. Bis jetzt habe immer nur ich umsorgt, und plötzlich sagt jemand einfach so dahin, dass er mich trage. Natürlich ist es ein Spaß, dahingesagt im Moment, aber es tut mir gut, das zu hören. Ich fühle mich wohlig und warm. Es ist schön.

Wir liegen dann gemeinsam im Sand, lassen uns die Füße vom Meerwasser umspülen, laufen durch die Dünen. Es geht uns richtig gut zusammen, und das Schönste: Wir lachen viel und hier draußen auch ganz laut. Thomas hat einen wunderbaren Humor, und ich genieße diese Leichtigkeit, mit der wir zusammen den Tag verbringen.

Und es bleibt nicht bei diesem einen Tag, sondern wir sind auch den restlichen Urlaub unzertrennlich.

»Du bist eine wunderbare Frau«, sagt er mir mehr als einmal in dieser Zeit, und während ich es anfangs noch als leicht dahingesagtes Kompliment abtue, beginne ich ihm dann langsam zu glauben, dass er mich mag.

»Ich habe mich verliebt«, meint er am letzten Abend und legt den Arm um mich. »Ich möchte, dass wir es miteinander versuchen.«

Wir bummeln durch den zauberhaften kleinen Küstenort, Thomas hat mich wie immer untergehakt. Ich liebe es, so gestützt zu werden. Es ist nicht nur ein emotionales Wohlbefinden, sondern auch ein körperliches. Ich habe kein Gefühl in meinem linken Bein und muss immer sehr sorgfältig darauf achten, wohin ich trete. Eine kleine Unebenheit, ein Stein, eine Vertiefung, alles reicht aus, damit ich umknicke und dann stürze. Eine sichere Hand, die mich hält, ist für mich wie ein Jackpot.

Und jetzt bleibt dieser Jackpot stehen, sieht mir in die Augen, und ich fühle die Schmetterlinge in meinem Bauch wie verrückt durcheinanderschwirren. Meine Güte, wie lange ist es her, dass ich dieses Gefühl erleben durfte. Als wir uns küssen, bin ich wie weggeschaltet. In diesen starken Armen vergesse ich alles um mich herum.

»Ich habe genug von Spielereien wie früher«, sagt Thomas später, als wir beide schweigend und innerlich ergriffen eng aneinandergeschmiegt zurück zum Hotel gehen.

Thomas küsst immer wieder meine Stirn, streicht mir zärtlich das Haar aus dem Gesicht. Und ich genieße seine Fingerspitzen auf meiner Haut. Ich bin glücklich.

»Kannst du dir eine Beziehung wirklich vorstellen?«, frage ich direkt.

»Ich kann mir alles mit dir vorstellen!«, antwortet er genauso direkt.

»Was hältst du davon, wenn ich dich nächstes Wochenende besuche. Ich habe den Fahrplan in deine Richtung nicht im Kopf. Aber ich denke, gegen neunzehn Uhr kann ich bei dir sein. Du könntest uns etwas Leckeres kochen.«

»Dann erwarte ich dich pünktlich!«

»Aber bis dahin haben wir noch ganz viel Zeit!«

Als Thomas mit mir ins Hotel geht, bringt er mich nicht in den ersten Stock, in dem mein Zimmer ist, sondern führt mich eine Etage höher. Hier ist er untergebracht. Ich lasse es geschehen. Es ist gut so. Wir brauchen keine Worte mehr.

*

»Was? Du hast dich verliebt? Du, ich freue mich so sehr für dich. Ich kann es gar nicht glauben. Komm bitte, erzähl mal.«

Bärbel ist am Telefon, und sie ist die Erste, der ich von meiner riesengroßen Urlaubsliebe berichte.

»Er ist so unendlich liebevoll, einfach ein Traummann«, schwärme ich ihr vor.

»Ja, das glaube ich dir sofort. So, wie du sprichst, hast du eine riesengroße rosarote Brille auf.«

»Das stimmt wirklich. Ich spüre, dass er der Richtige ist. Du, Bärbel, ich bin so glücklich.«

»Ich höre es, meine Liebe. Wann seht ihr euch wieder?«

»Freitag, er kommt wirklich schon diesen Freitag. Weißt du, was er gesagt hat? Er fahre für mich gern jedes Wochenende durch die Republik. Ich finde das alles so unglaublich. In meinem Leben fügt sich plötzlich alles.«

Und dann sehe ich auf das Bild an der Wand, und Marleys und meine Blicke treffen sich.

»Du hattest deine Pfötchen im Spiel«, sage ich lächelnd. »Weißt du, Bärbel, diese Leine im Schaufenster, das war ein Zeichen. Ich wäre doch nie stehen geblieben, wenn ich sie nicht erkannt und an Marley gedacht hätte.«

»Unser Kleiner, er sorgt auch aus dem Himmel noch für dich! Ich glaube, du hast jetzt viele schöne Jahre vor dir.«

Ich atme tief durch.

»Ach, Bärbel, ich möchte so gern, dass du recht hast. Ich bin zu müde, um immer nur zu kämpfen. Eine Pause, die täte mir richtig, richtig gut.«

*

Thomas kommt an dem vereinbarten Freitag. Kurz nach neunzehn Uhr rollt sein Zug im Bahnhof ein, und ich stehe so nervös am Bahnsteig wie eine Vierzehnjährige. Den ganzen Tag habe ich mir ausgemalt, wie es sein wird, ihn wiederzusehen: Vielleicht ist mit der Urlaubsstimmung ja auch der Zauber weg? Vielleicht hat er es mit der Angst bekommen, sich mit einer Frau, die so viele Probleme hat, einzulassen? Vielleicht, vielleicht, vielleicht …

Alles spukt mir durch den Kopf. Ich habe zu viel im Leben

aushalten müssen, um leichtfertig an ein geschenktes Glück zu glauben.

Aber das Glück bleibt mir tatsächlich treu. Als die Tür des Zugs aufspringt und Thomas aussteigt, schlägt mein Herz Purzelbäume.

Er nimmt mich in den Arm. Ich bin selig und spüre genau: Es sind die Arme, in die ich gehöre.

Der Abend wird genauso schön, wie ich ihn mir in den Nächten davor ausgemalt habe. Liebevoll und unkompliziert. Den Tisch habe ich wunderschön gedeckt. Ich koche uns leckeres Zucchinigemüse mit selbstgemachten Spätzle. Thomas macht den passenden Wein dazu auf. Wir leben miteinander wie ein Paar, das sich schon viele Jahre kennt. Alles geht mühelos Hand in Hand. Wir sind glücklich.

Und der Gesprächsstoff geht uns nicht aus. Wir können über alles miteinander reden. Ich sprudle über, kehre mein Innerstes nach außen und vertraue ihm schon jetzt grenzenlos.

Und umgekehrt ist es ebenso. Thomas hatte auch lange an seiner gescheiterten Ehe zu knapsen und daran, dass er seine Tochter viele Jahre nicht sehen konnte. Er hat sein Herz fest verschlossen. »Du hattest den Schlüssel, es zu öffnen«, sagte er mir schon an der Nordsee. Und das stimmt wohl, denn er spricht so unbefangen über seine Gefühle, wie ich es selten bei einem Mann erlebt habe.

Überrascht bin ich, als Bärbel am nächsten Tag vor der Tür steht.

Wir sitzen noch beim Frühstück, als es klingelt. Sie ist so neugierig, dass sie einen Vorwand gesucht hat, um vorbeizukommen. Angeblich möchte sie ihre Jacke holen, die sie bei mir vergessen habe. Die Jacke liegt wirklich bei mir. Aber sie hätte sie auch gut in der kommenden Woche holen können. Aber so ist Bärbel eben, direkt, offen, liebenswert.

Ich tue ihr den Gefallen und bitte sie herein.

»Darf ich vorstellen, das ist Thomas!«

Bärbel bleibt eine Stunde, unterhält sich prima mit ihm, und als sie schließlich geht, blinkt keine zehn Sekunden später mein Handy. Sie hat eine Nachricht geschickt. »Ein Traumtyp. Viel Glück!«

Thomas kommt seitdem nahezu jeden Freitag. Er hat meine Kinder kennengelernt und versteht sich prima mit ihnen. Natürlich fährt er immer Bahn, kommt erholt bei mir an, und wir genießen unsere Zweisamkeit. Das heißt, das ist nicht ganz richtig: Wir sind zu dritt. Denn zu uns gehört auch Gismo, ein kleiner, schneeweißer Malteser.

Mein Freund Martin hat ihn mit mir ausgesucht und für sich gleich den Bruder mitgenommen.

Ich mag es nicht, wenn kein Vierbeiner bei mir ist. Auch das verdanke ich Marley. Wenn ich nachts im Bett liege, muss ein Tier ruhig neben mir atmen.

Gismo ist nicht Marley. Mein Lebenshund ist nicht zu ersetzen. Das weiß ich, und das versuche ich auch nicht. Gismo ist mein Hund. Marley war mein Seelenverwandter. Wunder gibt es nicht in Serie. Wunder zeichnet ihre Einmaligkeit aus.

Häufig fahren wir zu dritt an den Wochenenden an den Drilandsee, häufig ist auch Angelina dabei. Zuerst besuchen wir Martin und damit Gismos Bruder. Dann geht's zu Hermann, und ich lasse mir den ganzen Tratsch und Klatsch berichten. Und die allerschönste Neuigkeit: Auch Nicky ist verliebt und hat einen wunderbaren Partner gefunden. Ich lerne ihn sogar gleich kennen. Sie sind ein schönes Paar.

Danach laufen wir am romantischen Ufer entlang. Ich liebe

es, dort zu sein. Einmal um den See herum sind es rund vier Kilometer. Das schaffe ich nicht zu Fuß. Aber einen Kilometer kann ich gehen, zumal mich Thomas' kräftiger Arm stützt.

Oft machen wir dann eine Pause an der kleinen Bank mit dem Blick über den See. Und dann sehe ich Marley vor mir, wie er am Ufer tollt und immer sehr darauf bedacht ist, dass seine Füße ja nicht das Wasser berühren. Unentwegt sieht er nach mir, vergewissert sich, dass es mir gut geht und ich mich ja nicht zu weit von ihm entferne.

Und wenn ich dann seine warmen braunen Augen vor mir sehe, kullern mir die Tränen, und ich schmiege mich an Thomas, der seine schützenden Arme um mich schlingt. Diese Tränen sind wie eine Reinigung, spülen meine Seele durch. Ich brauche diese Momente, in denen ich Marley ganz nah bin.

Kürzlich riss die Wolkendecke auf. Im Wasser spiegelte sich das Licht, und es formte ein Gesicht, das aussah wie das von Marley. Ich konnte ihn lachen sehen und bin sicher, es war ein Zeichen.

Er sieht mir zu und freut sich, dass ich glücklich bin!